Jugendschutz- und Medienkompetenzbericht der Landesmedienanstalten

Impressum

Bibliografische Information der Deutschen Nationalbibliothek
Die Deutsche Nationalbibliothek verzeichnet diese Publikation in der Deutschen Nationalbibliografie; detaillierte bibliografische Daten sind im Internet über http://dnb.d-nb.de abrufbar.

Herausgeber
die medienanstalten
Friedrichstraße 60
10117 Berlin
Tel.: +49 30 206 46 90 0
Fax: +49 30 206 46 90 99
E-Mail: info@die-medienanstalten.de
Webseite: www.die-medienanstalten.de

Verantwortlich
Cornelia Holsten, Vorsitzende der Direktorenkonferenz der Landesmedienanstalten
Jochen Fasco, Koordinator des Fachausschusses „Medienkompetenz, Nutzer- und Jugendschutz, lokale Vielfalt“ der Direktorenkonferenz der Landesmedienanstalten

Stand: Februar 2019

Verlag
Judith Zimmermann und Thomas Köhler GbR
Webseite: www.vistas.de
ISBN 978-3-89158-651-8

Gestaltung
Rosendahl Berlin, Agentur für Markendesign
Webseite: www.rosendahl-berlin.de

Druck
PieReg Druckcenter Berlin GmbH

Hinweis
Überall dort, wo es möglich war, wurden geschlechtsneutrale Formulierungen verwendet. Ansonsten wurde auf das generische Maskulinum zurückgegriffen.

Der Ton wird härter. Hass, Mobbing und Extremismus

Maßnahmen, Projekte und Forderungen aus Sicht der Landesmedienanstalten

herausgegeben von
die medienanstalten – ALM GbR

VISTAS

Inhalt

Grußwort

Liebe Leserinnen und Leser,

Sie halten eine „Erstausgabe“ in den Händen! Ich freue mich sehr, dass die Landesmedienanstalten sich zu dieser neuen Reihe entschlossen haben, um sich gemeinsam mit Jugendschutz und Medienkompetenz auseinanderzusetzen.

Dieser Erfahrungsaustausch ist besonders wertvoll in einer Zeit, in der sich Eltern genauso wie Lehrerinnen und Lehrer oft überfordert fühlen. Einerseits möchten sie Kindern und Jugendlichen die Chancen der digitalen Welt so früh und so gezielt wie möglich erschließen, andererseits fehlt es ihnen nicht selten an der geeigneten Ausstattung, am technischen Know-how oder an wirksamen Methoden für die pädagogische Begleitung.

Wie viele Stunden Smartphone am Tag sind für einen Acht- oder Vierzehnjährigen angemessen? Wie lassen sich Tablets sinnvoll im Schulalltag einsetzen? In welchem Alter vermittelt man Kindern einen verantwortungsvollen Umgang mit persönlichen Daten? Wie schützt man Jugendliche wirksam vor Cybermobbing? Mit diesen wichtigen Fragen beschäftigen sich bundesweit viele Pädagoginnen und Pädagogen – und verdienen dafür mehr konkrete Hilfe von Fachleuten, mehr Unterstützung der Gesellschaft insgesamt.

Um den digitalen Wandel auch in den Medien zu gestalten, müssen wir alle Altersgruppen dabei stärken, Informationen einordnen und bewerten zu können. Unser Bildungssystem muss dafür die Basis schaffen, aber auch die Medien selbst tragen zur Vielfalt der Perspektiven und zum fairen Austausch unterschiedlicher Meinungen bei. Die Landesmedienanstalten arbeiten mit Hochdruck daran, ihre Beratungsangebote möglichst vielen Menschen zur Verfügung zu stellen – in Erfurt konnte ich eindrucksvolle Beispiele kennenlernen.

Besonders danken möchte ich für den Mut, den die Verantwortlichen an den Tag legen, wenn sie die Untiefen von Hate Speech und Extremismus im Netz ausloten. Die Themen dieser Ausgabe bieten einen Einblick in die Vielschichtigkeit der damit verbundenen Probleme, versammeln Analysen und Appelle.

Und beides brauchen wir jetzt mehr denn je: Wir brauchen Wissen, aber auch das klare Bekenntnis zu den Werten unseres Grundgesetzes und eine fachübergreifende Debatte darüber, wie wir diese Werte in der Internetgesellschaft schützen und nötigenfalls verteidigen können. Prävention und Sanktionierung werden nur mit einem großen Schulterschluss gelingen: von Bundes-, Landes- und Kommunalpolitik, von Bildungswesen, Medien, IT und Wissenschaft bis hin zum Recht. Es liegt an uns allen, ob der Ton in Deutschland härter wird oder ob wir eine vitale und zugleich verfassungskonforme Streitkultur – online wie offline – pflegen und weiterentwickeln.

Ich wünsche der neuen Publikationsreihe, dass sie ihre Leserschaft dabei im besten Sinne zu Verbündeten macht. Meine Unterstützung haben Sie.

Bundespräsident Frank-Walter Steinmeier

Vorwort

Liebe Leserinnen und Leser,

alle Kinder, die in diesem Sommer die Grundschule verlassen, kennen keine anderen Handys als Smartphones, sie sind genauso alt wie diese Erfindung, die unseren Alltag so unfassbar revolutioniert hat. Die junge Generation wächst völlig selbstverständlich mit der mobilen Nutzung des Internets auf und hat ein entsprechend großes technisches Verständnis. Das heißt aber noch lange nicht, dass sie die Gefahren im Netz, die beispielsweise in Form von Gewalt, Pornografie und finanziellen Risiken vorliegen, sämtlich überblicken. Hier setzt die Arbeit der Landesmedienanstalten an. Wir kümmern uns im Rahmen der Jugendmedienaufsicht darum, Verstöße zu ahnden und die Selbstkontrollen zu stärken.

Gleichzeitig beobachten wir, wie es die mobile Internetnutzung unserer Gesellschaft immer schwerer macht, effektive Kontrollmechanismen zu generieren. Medien verschmelzen auf technischer und inhaltlicher Ebene miteinander, Bildschirm, Maus und Tastatur werden in der digitalen Welt immer häufiger ersetzt durch Sprachassistenten, die in den USA bereits den Großteil der Nutzung bestimmen. Wir stellen uns diesen neuen Herausforderungen in der Regulierung, indem wir sowohl der jungen Generation als auch allen anderen Menschen aller Altersstufen neue und innovative medienpädagogische Projekte anbieten, um sie zu einem kompetenten, reflektierten und sicheren Umgang mit digitalen Medien zu befähigen.

Die Schwerpunkte unserer Aufsicht und der Prävention liegen mittlerweile klar im Internet. Und dort geht es auch – aber eben nicht nur – um entwicklungsbeeinträchtigende Inhalte aus den Kategorien Sex- und Gewaltdarstellungen. Aktuelle Netzprobleme, die gegenwärtig gelöst werden müssen, resultieren aus Hass, Mobbing und Extremismus – auf allen sozialen Plattformen ist eine Zunahme der Verrohung der Sprache im digitalen Miteinander zu beobachten. Leider scheint es inzwischen fast schon üblich, sich leichtfertig rassistisch und menschenverachtend zu äußern – auch und im besonderen Maße in den Kommentarspalten der sozialen Medien. Den drei Schwerpunktthemen Hass, Mobbing und Extremismus haben wir daher unseren ersten Jugendschutz- und Medienkompetenzbericht gewidmet.

Diesen Themen müssen wir sowohl mit klassischen Instrumenten des Jugendmedienschutzes als auch mit präventiven Maßnahmen der Medienkompetenz entgegenwirken. So arbeiten die Medienkompetenzvermittlung und der Jugendmedienschutz Hand in Hand und sind als die präventive und die restriktive Seite untrennbar miteinander verwoben.

Genau hier setzt dieser Bericht an: Er bietet zunächst eine Übersicht über die aktuellen Fragestellungen zum Thema Hass, Mobbing und Extremismus und stellt Maßnahmen zur Regulierung und Erkenntnisse der Landesmedienanstalten vor. Schließlich werden die Präventionsaspekte herausgearbeitet und die Maßnahmen und Initiativen vorgestellt, die die Landesmedienanstalten gemeinsam und in eigener Verantwortung vor Ort leisten, um eine aufgeklärte und kompetente Mediennutzung in jeder Hinsicht und für jeden Menschen zu erreichen.

Ich wünsche Ihnen eine aufschlussreiche Lektüre und vor allem eine energiegeladene Weitervermittlung!

Cornelia Holsten
Vorsitzende der Direktorenkonferenz
der Landesmedienanstalten (DLM)

I. Einführung
Problemaufriss

Wie die Medienanstalten dem Hass begegnen

Medienaufsicht und Medienbildung als komplementäre Ansätze eines modernen Jugendschutzes

Jochen Fasco und Wolfgang Kreißig im Gespräch

Bisher gab es zu den Themen Jugendmedienschutz und Medienkompetenz immer gesonderte Veröffentlichungen der Medienanstalten. Warum haben Sie sich in diesem Jahr für eine themenübergreifende Publikation entschieden?

Wolfgang Kreißig: Jugendmedienschutz und Medienkompetenz sind zwei elementare Handlungsfelder der Medienanstalten, die sich zunächst grundlegend unterscheiden: Der Jugendmedienschutz ist eine juristische Aufsichtstätigkeit, bei der es darum geht, Gesetzesverstöße zu ahnden. Durch diesen restriktiven Jugendschutz sorgen die Medienanstalten gemeinsam mit der Kommission für Jugendmedienschutz dafür, dass Anbieter zur Verantwortung gezogen werden, wenn sie Kindern oder Jugendlichen ungeeignete oder sogar gefährdende Medieninhalte zugänglich machen. Die Medienkompetenz wiederum ist ein pädagogisches Arbeitsfeld, das Kinder und Jugendliche – und natürlich auch Erwachsene – befähigt, Medien und ihre Inhalte reflektiert und kritisch zu nutzen. Dieser präventive und der restriktive Jugendmedienschutz sind jedoch zwei Seiten einer Medaille: Durch die Aufsichtstätigkeit wird das Risiko für junge Mediennutzerinnen und -nutzer gesenkt, ungewollt mit ungeeigneten Inhalten konfrontiert zu werden. Da es jedoch auch angesichts der dynamischen Medienentwicklung keinen 100-prozentigen technischen Schutz vor beeinträchtigenden Inhalten geben kann, muss ein sinnvolles Jugendmedienschutzkonzept zwingend auch den Aspekt der Medienkompetenz von Kindern und Jugendlichen mitberücksichtigen: Je kompetenter sie mit Medien umgehen können, desto besser können sie möglichen Gefahren selbst aus dem Weg gehen oder sich im Zweifelsfall Hilfe suchen. Deshalb ist es richtig und wichtig, dass dieses Feld der Medienkompetenzvermittlung einen zentralen Baustein im Rahmen des gesetzlichen Auftrags der Landesmedienanstalten darstellt.

Jochen Fasco: Die Äußerungen des Kollegen Dr. Kreißig – denen ich vollkommen zustimme – möchte ich noch ein wenig zuspitzen. Die Landesmedienanstalten sind die Einzigen, die beide Seiten der soeben verdeutlichten Medaille bedienen und dies vor allem – und es ist mir wichtig, das zu betonen – in der Fläche. Hier zeigt sich der Vorteil, dass es sich bei den Landesmedienanstalten einerseits um Landesinstitutionen handelt, die die Besonderheiten und Bedarfe der Menschen vor Ort kennen, auf der anderen Seite bei übergeordneten Angelegenheiten auf Bundesebene jedoch eng zusammenarbeiten. Schön lässt sich dies anhand der Medienbildungsangebote der Landesmedienanstalten verdeutlichen. Hier werden Kinder und Jugendliche auch in den abgelegenen Regionen der jeweiligen Länder erreicht und die Projektangebote berücksichtigen dabei, dass es schon Unterschiede zwischen Ostfriesland und dem Allgäu gibt. Informationsmaterialien für Eltern lassen sich hingegen gemeinsam entwickeln. Hier muss nicht jeder das Rad neu erfinden, und Synergien werden genutzt.

Herr Dr. Kreißig, eine Frage an den Vorsitzenden der KJM: Was unterscheidet diesen Bericht von den Berichten und Publikationen der KJM (wie zum Beispiel den Tätigkeitsberichten, die die KJM alle zwei Jahre veröffentlicht)?

Wolfgang Kreißig: Der Tätigkeitsbericht der KJM ist ein gesetzlich vorgeschriebener Bericht über die Durchführung der Bestimmungen des Jugendmedienschutz-Staatsvertrages (JMStV). Darin legt die KJM dar, wie sie ihre Aufsichtstätigkeit über den privaten Rundfunk und die Telemedien ausübt. Auch in den sonstigen Publikationen der KJM liegt der Fokus auf den Aufgaben und Tätigkeiten dieses plural besetzten Gremiums, das als Organ der Landesmedienanstalten fungiert.

Die vorliegende übergreifende Publikation richtet das Augenmerk stärker auf die praktische Arbeit in den einzelnen Landesmedienanstalten und auf die Erfahrungen, die die Mitarbeiterinnen und Mitarbeiter im Bereich des Jugendmedienschutzes machen. Konkrete Fallbeispiele und Erfahrungsberichte sollen verdeutlichen, welche Erkenntnisse in den Ländern aus der eigenen Aufsichtstätigkeit, aber auch aus der Zusammenarbeit mit anderen Akteuren, wie zum Beispiel Strafverfolgungsbehörden, gewonnen werden.

Herr Fasco, als Koordinator des Fachausschusses III (FA III) verantworten Sie im Kreise der Landesmedienanstalten die Themenfelder Medienkompetenz, Nutzer- und Jugendschutz und lokale Vielfalt. Nun ist (Medien)Bildung ja Ländersache und wird von den Medienanstalten auch vorrangig in den Ländern umgesetzt. Was macht der FA III bei diesen Themen? Welche Rolle spielt er?

Jochen Fasco: Die Rolle des FA III beim Thema Medienbildung sehe ich auf drei Ebenen. Erstens ist es seit Jahren gut gelebte Praxis, dass die für Medienkompetenz zuständigen Kolleginnen und Kollegen der einzelnen Häuser in den kontinuierlichen Wissensaustausch treten. Hierfür tagt halbjährlich der Arbeitskreis Medienkompetenz und es werden Konzepte, Methoden und Materialien vorgestellt und diskutiert. Zweitens realisieren die Landesmedienanstalten zusammen mehrere Großprojekte. Hier seien der FLIMMO, das Internet-ABC, JUUUPORT, klicksafe.de, handysektor.de, der Erfurter Netcode, die Nutzungsstudien KIM, JIM und FIM und der Gemeinschaftsstand auf der didacta zu erwähnen. Drittens fungiert der FA III als Ansprechpartner für Politik, Verbände und Institutionen auf Bundesebene. Austausch besteht beispielsweise mit der Gesellschaft für Medienpädagogik und Kommunikationskultur, mit der Bundeszentrale für politische Bildung, der Initiative „Gutes Aufwachsen mit Medien" oder der Bundesprüfstelle für jugendgefährdende Medien.

Herr Dr. Kreißig, das Thema der ersten Ausgabe des Jugendschutz- und Medienkompetenzberichtes lautet „Der Ton wird härter – Hass, Mobbing und Extremismus" – ein Thema, das uns alle bewegt. Wie beurteilen Sie die Entwicklung in diesem Bereich in den letzten Jahren und welche Handlungsmöglichkeiten sehen Sie als KJM-Vorsitzender für die Medienaufsicht, wenn es um Hass, Mobbing und Extremismus in den Medien geht?

Wolfgang Kreißig: Dieses Feld der Medienaufsicht hat in der letzten Zeit deutlich an Relevanz vor allem innerhalb sozialer Netzwerke gewonnen. Hier beobachten wir Grenzverschiebungen, die problematisch sind. Deshalb hatte die KJM bereits im Novellierungsprozess zum Jugendmedienschutz-Staatsvertrag (JMStV) im Jahr 2015 die gesetzliche Verankerung wirksamer Meldesysteme für jugendgefährdende oder -beeinträchtigende Inhalte gefordert.

Ungeachtet dessen verfügen wir mit dem JMStV der Länder bereits über klare gesetzliche Grenzziehungen. Bei einigen Hassbotschaften, wie beispielsweise volksverhetzenden Äußerungen, der Verwendung von Kennzeichen verfassungswidriger Organisationen oder der Aufstachelung zum Rassenhass zieht der Gesetzgeber eine Linie, die nicht übertreten werden darf. Solche Medieninhalte sind absolut unzulässig und den Anbietern drohen strafrechtliche wie auch medienrechtliche Sanktionen. Die Medienanstalten ahnden solche Gesetzesverstöße konsequent bzw. sorgen für deren Beseitigung. Unterhalb dieser Strafbarkeitsschwelle, bei der es um potenziell entwicklungsbeeinträchtigende Inhalte geht, wird die jugendmedienschutzrechtliche Bewertung hingegen deutlich komplexer. Die Medienaufsicht bewegt sich gerade im Bereich des Hasses und des Extremismus in einem permanenten Spannungsfeld zwischen Jugendschutz und Meinungsfreiheit. Beide Rechtsgüter haben Verfassungsrang und müssen in jedem Einzelfall sorgfältig gegeneinander abgewogen werden. Hier ist es gut und wichtig, dass die KJM als plurales und staatsfern organisiertes Expertengremium agiert und sich dabei auf langjährig erfahrene Mitarbeiterinnen und Mitarbeiter in den Landesmedienanstalten verlassen kann. All diese Experten arbeiten bei der Beurteilung potenziell beeinträchtigender oder gefährdender Inhalte mit den Prüfkriterien der

KJM und entwickeln gemeinsam mit anderen Akteuren im Jugendmedienschutz eine gemeinsame, konsistente Spruchpraxis.

Die Medienaufsicht sorgt mit ihrem Handeln letztendlich nicht nur dafür, dass unzulässige oder für Kinder und Jugendliche beeinträchtigende Medienangebote beseitigt werden. Sie trägt auch dazu bei, dass Menschen, die öffentlich hassen, mobben oder Extremismus propagieren, für Gesetzesverstöße zur Rechenschaft gezogen und damit an unsere gesellschaftlichen Werte erinnert werden.

Herr Fasco, als Experte für die Medienkompetenz: Kann Medienbildung dem Hass und dem Extremismus (im Netz) etwas entgegensetzen? Welche Möglichkeiten sehen Sie hier? Was machen die Medienanstalten konkret in diesem Bereich? Welche Ansätze gibt es?

Jochen Fasco: Diese Frage möchte ich mit einem deutlichen ja – die Medienbildung setzt etwas entgegen – beantworten. Allein das dritte Kapitel in dieser Publikation präsentiert zahlreiche Best-Practice-Beispiele, die von den Landesmedienanstalten entwickelt wurden und erfolgreich in der Praxis eingesetzt werden. Die Bandbreite reicht hierbei von Projekten der handlungsorientierten Medienarbeit, Präventionsworkshops, Methodensammlungen und Beratungsangeboten für Multiplikatoren sowie Eltern und Großeltern. Wenn Sie sich die Angebote anschauen, wird eines gut sichtbar, dass die Maßnahmen oft an der Stelle ansetzen, wo der Arm der Medienaufsicht nur schwer hinreicht, nämlich in den Bereich der Individualkommunikation. Hier kann mit pädagogischer Präventionsarbeit besser angedockt werden. Letztendlich wird erneut deutlich, dass beide Seiten der Medaille – der präventive und der restriktive Jugendschutz – gleichberechtigt in den Blick genommen werden müssen und die Landesmedienanstalten hierfür die geeigneten Ansprechpartner auf Landes- und Bundesebene sind.

Jochen Fasco ist seit 2007 Direktor der Thüringer Landesmedienanstalt (TLM) und Mitglied der Kommission für Jugendmedienschutz (KJM). Außerdem ist er seit 2008 stellvertretender Vorsitzender der Direktorenkonferenz der Landesmedienanstalten (DLM), war von 2011–2013 Beauftragter für Medienkompetenz und Bürgermedien und koordiniert seit 2014 den Fachausschuss „Medienkompetenz, Nutzer- und Jugendschutz, lokale Vielfalt".

Dr. Wolfgang Kreißig ist Präsident der Landesanstalt für Kommunikation Baden-Württemberg (LFK) und seit Anfang 2018 Vorsitzender der Kommission für Jugendmedienschutz (KJM). Außerdem ist er Mitglied im Fachausschuss „Regulierung" der Direktorenkonferenz der Landesmedienanstalten (DLM).

Journalisten als Zielscheibe von Hass

Ine Dippmann

Ein „Ohhhhrrr“ raunt durch den Saal. Sächsisch für „Ach“. Dieses vermeintlich bedauernde „Ohhhrrr“, mit dem man sich über jemanden lustig macht, der etwas beklagt. Rund 400 Besucher sind in den Saal der Dresdner Messe gekommen, darunter etwa 70 Journalisten. Die AfD Dresden hat schließlich einen Coup gelandet – sie hat die Chefredakteure von ZDF und ARD-Tagesschau zum Gespräch gebeten – und die sind gekommen.

Gekommen, um die Spannungen zwischen AfD-Anhängern und „der deutschen Medienlandschaft“ zu klären.

Das „Ohhhrr“ kommt als Reaktion als der Chefredakteur des ZDF, Peter Frey, beklagt, dass ein ZDF-Reporter während einer Live-Schalte geschubst worden ist.

Echtes Bedauern ist von dieser Seite nicht zu erwarten. Verbale Angriffe auf Medienvertreter sind seit 2014 Alltag geworden. Und es bleibt nicht dabei. Von der Diffamierung in Pressemitteilungen und Online-Posts bis hin zu Einschüchterung, gesprengten Briefkästen und vereinzelt auch körperlichen Angriffen reicht die Bandbreite.

Von unsagbar zu unsäglich

Als PEGIDA-Gründer Lutz Bachmann 2014 in Dresden den Demonstranten zum ersten Mal riet, nicht mit der Lügenpresse zu sprechen, wurde ein Riss deutlich. Da waren Menschen, die den Reportern nicht mehr vertrauten. Sie suchten die Bestätigung ihrer eigenen Sichtweisen auf das Geschehen in Sachsen und Deutschland. Davon fanden sie in den traditionellen Medien eher wenig. Wie auch? Wer wollte die Furcht vor Glaubenskriegen auf deutschem Boden wirklich ernst nehmen? Und wer diesen aufkeimenden Nationalismus unterstützen? Berichtet wurde – doch die kritische Einordnung vergrößerte den Graben zwischen PEGIDA-Anhängern und Medien eher.

Pass auf dich auf!

Was in den Jahren darauf folgte, war eine Verschärfung dieses Konfliktes. Immer wieder gab es Anlässe, etwa die verspätete Berichterstattung über die Vorfälle in der Silvesternacht 2015/16 in Köln. Die Entschuldigung des stellvertretenden ZDF-Chefredakteurs einige Tage später heilte den Fehler nicht. Die Wut brach sich auf der Straße Bahn.

Wie Worte Menschen aufpeitschen können – und wie sie sich aufhetzen lassen – das habe ich im Januar 2016 selbst erfahren. Als Radio-Reporterin war ich am 11. Januar in Leipzig bei der Kundgebung von LEGIDA.

Als Lutz Bachmann dort sein „Rapefugees not welcome"-Plakat hinter der Bühne hervorholte, fotografierte ich ihn mit meinem Handy. Die Angreiferin sah ich nicht kommen. Sie schlug mir erst das Handy aus der Hand, dann noch einmal ins Gesicht. Fassungslos war ich nicht nur wegen der Tat – sondern auch ob der Täterin. Geschätzt Ende 50. Ganz bürgerliches Aussehen. Auf der Kundgebung hatte Tatjana Festerling, damals noch eine wichtige Stimme in der Szene, die Menschen dazu aufgerufen, mit Mistgabeln Politiker aus ihren Rathäusern und Journalisten aus den Redaktionsstuben zu vertreiben. Die Hetze vernebelt den Menschen den Verstand, könnte man meinen. Geschickt appellieren die Akteure an die Emotionen – sie schüren Angst und Wut. Unter dem Eindruck dieser starken Gefühle fallen Hemmungen, werden Grenzen des zivilen Umgangs überschritten.

Wie werden Journalisten angegriffen oder unter Druck gesetzt?

Die Frau eines Fotografen wird beim Bäcker angesprochen, weil ihr Mann bei der sogenannten Lügenpresse arbeitete. Ein Fotograf wird nach einer Demonstration bei der Fahrt aus einer Tiefgarage von PEGIDA-Demonstranten abgefangen und auf das „tolle Auto" angesprochen. Er weiß, er ist identifiziert. Kollegen werden von Demonstranten „zurückfotografiert" oder geschubst, um Kameras zu beschädigen.

All diese Situationen schildert Thomas Pfaffe, Leiter des DPA-Büros Ost, im Gespräch. Von solch bedrohlichen Situationen, die unterhalb der Anzeigeschwelle liegen, hören wir als DJV immer wieder im Gespräch mit Kollegen. Tatsächlich gemeldet wird nur ein Bruchteil der Angriffe. Das Europäische Zentrum für Presse- und Medienfreiheit (ECPMF) zählt seit 2015 mindestens 109 polizeibekannte Fälle. In den ersten achteinhalb Monaten des Jahres 2018 registrierte das ECPMF mindestens 22 tätliche Übergriffe auf 28 Journalisten und Medienmitarbeiter. Die RAA Opferberatung in Sachsen registrierte allein zwischen dem 26.8. und 4.11.2018 16 Angriffe auf Journalisten in Chemnitz, meist im Umfeld von Demonstrationen.

Ist die Pressefreiheit in Deutschland bedroht?

Freie Berichterstattung wird heute von anderer Seite eingeschränkt als früher. Einst als Abwehr gegen den Einfluss des Staates entwickelt, ist das Spektrum der Angreifer breiter geworden.

Denn auch wenn es Kollegen gibt, die unbehelligt arbeiten können: Der Trend ist ein anderer. Wer kann, geht zu schwierigen Demonstrationen quasi undercover, also nicht als Journalist erkennbar. Andere Kollegen haben für sich entschieden, solche Termine nicht mehr zu besetzen, weil sie es leid sind, sich beschimpfen zu lassen. Und wer als Reporter vor Ort arbeitet, macht sich vorher Gedanken um seine Sicherheit. Wie akribisch das passiert, berichtete Marcus Engert auf einer DJV-Konferenz im September 2018. Er ist für das amerikanische Nachrichtenportal

Buzzfeed-News in Deutschland als Reporter unterwegs. Vor Einsätzen wie in Chemnitz würde ein Security Advisor Demonstrationsrouten und mögliche Fluchtwege prüfen, werde diskutiert, ob Reporter mit Helmen, Schutzwesten und Atemschutzmasken ausgestattet werden.

Fotografen, die ihre Fahrradhelme während der Demo aufbehalten, gehören inzwischen zum Bild. Doch sie bewegen sich damit in einer rechtlichen Grauzone. Das Demonstrationsrecht verbietet passive Bewaffnung. Um die Kolleginnen und Kollegen trotzdem abzusichern, sei man bei der DPA dabei, schnittsichere Westen anzuschaffen, berichtet Thomas Pfaffe. Redaktionen schulen ihre Reporter für den Einsatz in kritischen Situationen, der MDR lässt Reporter und Kamerateams auf Demonstrationen von Sicherheitspersonal schützen. Es klingt nach Einsatz im Krisengebiet.

Welche Rolle spielt die Polizei?

„Sie hätten da ja nicht hingehen müssen." So habe ein Polizist sinngemäß reagiert, als er die Anzeige eines Journalisten aufnahm. Der Kollege hatte 2013 in Schneeberg über den von einem lokalen NPD-Mann geplanten „Lichtellauf gegen Asylmissbrauch" berichtet und war von zwei bis drei Demonstranten so zusammengeschlagen worden, dass er im Krankenhaus behandelt werden musste. Sie hätten da ja nicht hingehen müssen.

Freie Berichterstattung zu gewährleisten, spielte für die Polizei lange keine oder nur eine untergeordnete Rolle. Kollegen berichten zudem davon, dass Polizisten Angriffe auf sie ignorieren oder dass sie durch intensive Ausweiskontrollen schikaniert wurden, ihnen gar das Filmen untersagt wurde.

Ist es Unwissen oder Verachtung, haben wir uns schon 2013 gefragt, als der Schneeberger Fall auf dem Tisch des DJV-Büros in Dresden landete. Viele Gespräche sind seitdem geführt worden, mit Führungskräften der Polizei in Sachsen, mit Pressesprechern und Bereitschaftspolizisten. Der Fall des „Hutbürgers" im August in Dresden hat gezeigt – diese Gespräche, der Austausch müssen fortgesetzt werden. Spätestens als der Demonstrant die Polizei herbeirief, um den Kameramann am Filmen zu hindern, hätte die Ansage „... das ist sein gutes Recht, lassen Sie den Mann seine Arbeit machen" die Lage geklärt.

Doch ein Dilemma ist nicht aufzulösen. Sowohl Polizisten als auch Journalisten sind wichtige Säulen der Demokratie – Polizisten sorgen dafür, dass die Versammlungsfreiheit gewährleistet werden kann. Journalisten sorgen mit ihrer Berichterstattung dafür, dass sich Menschen informieren und eine Meinung zu den Geschehnissen bilden können.

Doch auch wenn Polizisten und Journalisten sich als Wächter der im Grundgesetz verankerten Rechte sehen und auf derselben Seite stehen, so kommen sie doch in Konflikte. Etwa, wenn Journalisten kritisch über Einsätze der Polizei berichten. Oder wenn sie aus Sicht der Polizei in Demonstrationen eher als Akteure auftreten, eben nicht vom Rand, sondern mitten aus der Kundgebung berichten, was je nach Situation als Provokation verstanden wird oder als Parteinahme.

Der Bericht über das Agieren der Polizei im Zusammenhang mit dem Hutbürger am Rand einer PEGIDA-Demonstration löste in den sozialen Netzwerken einen Shitstorm aus – die Polizei habe sich von den Demonstranten instrumentalisieren lassen. Der Hashtag #Pegizei machte die Runde. Ein Affront für viele Polizistinnen und Polizisten in Sachsen.

So wenig, wie sich Journalisten als Lügenpresse beschimpfen lassen wollen, so wenig ist es angebracht, Polizisten in Sachsen mit so einem Hashtag zu verunglimpfen.

Differenzierte Kritik und auch Selbstkritik ist nötig. Der Fall von Dresden hat aufgerüttelt.

Derzeit stehen die Signale auf Verständigung. „Unsere Kollegen zeigen vor Ort Präsenz und schützen die freie Berichterstattung der Medienvertreter", twitterte die Polizei Sachsen im August während einer Demonstration der Identitären Bewegung in Dresden.

Landespolizeipräsident Jürgen Georgie stellte sich Anfang November beim Bundesverbandstag des DJV in Dresden den Fragen der Journalisten. Er sehe Handlungsbedarf, die Pressefreiheit zu schützen und lud den DJV ein, an der Ausbildung von Polizisten mitzuwirken.

Welche Rolle spielt die Politik?

Auch hier – ein Dilemma. Journalisten sind für Politiker im besten Falle unbequem. Sie hinterfragen kritisch, wie die gewählten Volksvertreter mit der ihnen anvertrauten Macht umgehen. Den eigenen Kritiker vor Angriffen zu schützen, das fällt manchem Politiker nicht leicht. Sachsens Ministerpräsident Michael Kretschmer stellte sich im Fall des „Hutbürgers" von Dresden zunächst nur vor die Polizei. Seinen Tweet, „nur die Polizisten hätten seriös agiert", verstanden viele Journalistinnen und Journalisten als Unterstellung, der Kollege habe unseriös gearbeitet. Ein Affront. Andere CDU-Politiker zogen nach. Ein Abgeordneter twitterte, der Fall bliebe eine „kleine Sommerposse von Journalisten ohne Höflichkeit" gegenüber der Polizei Sachsen. Sie bestätige das Gebrüll „Lügenpresse". Die Chance zum Vertrauensaufbau sei erneut verpasst worden. Die Aufarbeitung in der ZDF-Sendung „Frontal 21" wurde von Sachsens damaligem CDU-Fraktionsvorsitzenden Frank Kupfer bei Facebook mit den Worten kommentiert: „Öffentlich-Rechtliche... und dafür zahlen wir Beiträge." Äußerungen wie diese sind Wasser auf die Mühlen aller, die ganz allgemein „den Medien" misstrauen. Als Berufsverband stehen wir an der Seite der Kolleginnen und Kollegen: Hartnäckige Journalisten, die ihre Rechte kennen und gegenüber der Staatsmacht einfordern, sind ein Gewinn für die demokratische Gesellschaft.

Mit der „Dresdner Erklärung" haben Journalisten aus ganz Deutschland beim Bundesverbandstag des DJV im November klar gemacht, wofür sie stehen und was sie von der Politik erwarten. In der Resolution heißt es, dass der DJV alle Formen von politischem Extremismus gleich welcher Ausrichtung strikt ablehnt. Journalistinnen und Journalisten treten in ihrem Beruf aktiv für die Demokratie und ihre Grundwerte, insbesondere für die Presse-, Rundfunk- und Meinungsfreiheit ein. Wichtiges Signal auch: Wer gegen diese Grundsätze kämpft, ob als Journalist oder Pressesprecher einer Partei – ist im DJV nicht willkommen. Die politischen Parteien werden aufgefordert, sich zur Pressefreiheit zu bekennen und die freie und ungehinderte Ausübung des Journalistenberufs zu sichern.

Braucht die Gesellschaft künftig noch Journalisten?

Journalist zu sein, das hieß früher, der Allgemeinheit Informationen zugänglich zu machen, zu publizieren. Journalisten waren aber auch Gatekeeper. Sie konnten am Tor bestimmen, welche Informationen hindurch kommen, welche irrelevant oder falsch sind und deshalb keinen Platz erhalten. Doch die Mauern sind längst gefallen. Heute kann jeder publizieren. Der Anteil der Informationen, die in Echtzeit weltweit verbreitet werden, wächst. Damit haben sich auch die Rollen von Journalisten verändert. Manche – die Faktenchecker etwa – arbeiten wie Pilzberater. Informationen, die die Nutzer am Wegesrand pflücken, werden im Nachhinein überprüft: Sind sie giftig oder genießbar? Journalisten ordnen Informationen ein – wie Bibliothekare ihre Bücher: Das hier steht eher rechts, das eher links. Zuletzt haben Recherche-Verbünde bewiesen, wozu Investigativ-Journalistinnen und -Journalisten in der Lage sind. Die Branche besinnt sich auf ihre Stärken und baut sie aus.

Will man der oft beschworenen Vertrauenskrise gegenüber der Medienbranche etwas Positives abgewinnen, dann ist es die Entwicklung einer ausgeprägten Fehlerkultur. Kritische Auseinandersetzung mit dem eigenen Tun, ein härteres Ringen um journalistische Produkte gehören heute zum Alltag in vielen Redaktionen. Ansätze, auf Leser, Hörer, Zuschauer, User zuzugehen, sind verstärkt worden. Journalistinnen und Journalisten erklären auf vielfältige Art wie sie arbeiten, geben der Meinung und den Anregungen der Nutzer mehr Raum.

Doch nicht um jeden Preis. Wo beleidigt und diffamiert wird, werden Kommentarspalten geschlossen. Denn auch das haben Journalisten gelernt: sie werden zu Erfüllungsgehilfen von Populisten und Hetzern, wenn sie über jedes Stöckchen springen, das ihnen hingehalten wird. Erschleichung von Berichterstattung durch Provokation – dieses trojanische Pferd müssen die Gatekeeper von heute enttarnen.

Ine Dippmann ist freie Rundfunkjournalistin und Vorsitzende des DJV-Landesverbandes Sachsen.

Neue Aspekte jugendlicher Mediennutzung

Sabine Feierabend, Theresa Reutter, Thomas Rathgeb

Zur Einordnung von Aspekten wie Hate Speech und extremistischen Angeboten bietet die aktuelle JIM-Studie 2018 mit der Darstellung der Mediennutzung der Jugendlichen wertvolle Hintergrundinformationen. Da die Inhalte und Erscheinungsformen sich je nach genutzter Plattform unterscheiden und die Angebote jeweils unterschiedliche Funktionen haben, erweitert die Betrachtung des aktuellen Mediennutzungsverhaltens die Perspektive um die Relevanz der Angebote für den Alltag von Jugendlichen und erlaubt damit auch eine bessere Bewertung des Gefährdungspotenzials.

Die JIM-Studie ist eine seit 1998 kontinuierlich erhobene Basisuntersuchung zum Medienumgang der 12- bis 19-Jährigen in Deutschland. Die repräsentative Studie wird jährlich vom Medienpädagogischen Forschungsverbund Südwest (mpfs) unter Trägerschaft der Landesmedienanstalten von Baden-Württemberg (LFK) und Rheinland-Pfalz (LMK) in Zusammenarbeit mit dem Südwestrundfunk (SWR) durchgeführt. Für die JIM-Studie 2018 wurde eine Stichprobe von 1.200 Jugendlichen zwischen 12 und 19 Jahren in ganz Deutschland im Zeitraum vom 28. Mai bis 5. August 2018 telefonisch befragt (CATI), während der Fußball-WM fanden keine Interviews statt. Die Befragung bildet demnach ein repräsentatives Abbild der ca. 6,4 Mio. deutschsprachigen Jugendlichen.

Das zentrale Medium der Jugendlichen ist eindeutig das Smartphone, dies zeigt sich bspw. am Gerätebesitz. Mit 97 Prozent haben praktisch alle Jugendlichen ein eigenes Smartphone, das viele verschiedene Medientätigkeiten ermöglicht. Computer beziehungsweise Laptops sind bei 71 Prozent vorhanden. Etwa jeder zweite Jugendliche besitzt stationäre (46 %) oder tragbare (45 %) Spielkonsolen. Jeder vierte Jugendliche hat ein eigenes Tablet (jeweils 26 %), jeder fünfte ein „Smart-TV" (22 %). Wearables (11 %) oder Streaming-Boxen (8 %) sind bei etwa einem Zehntel der Jugendlichen im Eigenbesitz. Digitale Sprachassistenten besitzen aktuell sechs Prozent der Jugendlichen.

Betrachtet man die Häufigkeit der Mediennutzung, so dominiert auch hier das Smartphone, das 94 Prozent der Jugendlichen täglich verwenden, weiter haben das Internet generell (91 %) und Musiknutzung (84 %) den größten Stellenwert im Alltag. Zwei Drittel der Jugendlichen sehen täglich Online-Videos (65 %) an, knapp die Hälfte hört täglich

Radio und 42 Prozent sehen täglich fern, egal über welchen Verbreitungsweg.

Zur Nutzung des Internets ist das Smartphone inzwischen der zentrale Zugang, 88 Prozent der Mädchen und 71 Prozent der Jungen gehen am häufigsten mit dem Smartphone online. Ein stationärer Rechner hat hier weniger Bedeutung, nur ein Prozent der Mädchen und 14 Prozent der Jungen nutzen am häufigsten einen Desktop-PC, um online gehen. Für sechs Prozent ist ein Laptop der primäre Online-Zugang.

Fragt man, welche Geräte innerhalb eines Zeitraums von 14 Tagen generell zur Internetnutzung verwendet werden, dominiert selbstverständlich auch hier das Smartphone mit 94 Prozent, jedoch haben bei der Betrachtung eines längeren Zeitraums durchaus auch Laptops (42 %) und stationäre Computer (31 %) ihre Relevanz als Onlinezugang. 18 Prozent nutzen den Zugang über ein Tablet und jeweils 16 Prozent gehen innerhalb von 14 Tagen mit einem Smart-TV oder einer Spielkonsole online. Digitale Sprachassistenten sind mit drei Prozent noch die Ausnahme.

Auf den ersten Blick scheint die zentrale Rolle des Smartphones nur eine technische Komponente zu sein. Doch impliziert die Nutzung eines Smartphones auch die Nutzung entsprechender (auf mobile Nutzung optimierter) Inhalte und den Zugang über Plattformen oder Apps. Jede Plattform hat wiederum ihre eigenen spezifischen Formate und Kommunikationsformen, die es zu verstehen gilt, um selbstbestimmt die jeweiligen Optionen nutzen zu können.

Die durchschnittliche tägliche Nutzungsdauer beträgt nach eigener Einschätzung der befragten Jugendlichen aktuell 214 Minuten (Mo-Fr). Hierbei schätzen Jungen (223 Min.) ihre Nutzungsdauer höher ein als Mädchen (205 Min.). Um eine Einordnung des Zeitbudgets zu ermöglichen, wurden die Jugendlichen gebeten, die Dauer ihrer Online-Nutzung auf die vier Aspekte Kommunikation, Information, Unterhaltung und Spiele zu verteilen. Mit 35 Prozent entfällt der größte Anteil auf die kommunikative Nutzung des Internets, der Bereich Unterhaltung folgt mit 31 Prozent aber dichtauf. Ein knappes Viertel der Nutzungszeit entfällt auf Spiele und zehn Prozent werden auf die Suche von Informationen verwendet. Jungen und Mädchen unterscheiden sich dabei 2018 stärker als in den Vorjahren. Während bei Jungen ein Drittel der Nutzungszeit auf Spiele entfällt, beträgt dieser Anteil bei Mädchen nur zehn Prozent. Mädchen verbringen dafür einen deutlich größeren Teil ihrer Online-Nutzung mit Kommunikation (41 %) als Jungen dies tun (30 %). Und auch bei unterhaltenden Inhalten wie beispielsweise Musik, Videos oder Bildern liegen Mädchen bezüglich des Nutzungsanteils vorne (37 % vs. 27 %). Wenn auch die unterhaltenden Aspekte insgesamt an Relevanz gewonnen haben, behält die Kommunikation weiterhin einen sehr großen Stellenwert.

Ein weiterer Schritt, um die Onlinenutzung von Jugendlichen zu charakterisieren und aktuelle Strömungen zu erfassen, ist die offene Abfrage der drei Lieblingsangebote im Internet. Die Liste wird mit deutlicher Führung vom Videoportal YouTube angeführt, das für knapp zwei Drittel der Jugendlichen zu einem ihrer drei liebsten Internetangebote zählt. Den zweiten Platz belegt der Messenger WhatsApp, Platz drei geht an Instagram. Als relativ neuer Player auf den oberen Plätzen folgt auf dem vierten Rang der Film- und Serienanbieter Netflix, der für knapp ein Fünftel der Jugendlichen einer der attraktivsten Inhalteanbieter im Netz ist. Auf den weiteren Plätzen folgen Snapchat und Google. Von jeweils sechs Prozent werden die Audio-Streaming-Plattform Spotify und Facebook genannt, weniger als fünf Prozent nennen Angebote wie Amazon Prime, Wikipedia oder allgemein Amazon, Twitter oder die meist für das Streamen von Videospielen genutzte Plattform Twitch. Im Vergleich zum Vorjahr hat sich die Beliebtheit von Netflix mehr als verdoppelt, die von Facebook in der spontanen Nennung mehr als halbiert.

Betrachtet man die Häufigkeit der Nutzung verschiedener Kommunikationsformen, so dominiert eindeutig WhatsApp: 95 Prozent der 12- bis 19-Jährigen nutzen diesen Messenger mindestens mehrmals pro Woche (täglich: 82 %). WhatsApp ist die Nachrich-

Liebste Internetangebote 2018

• bis zu drei Nennungen

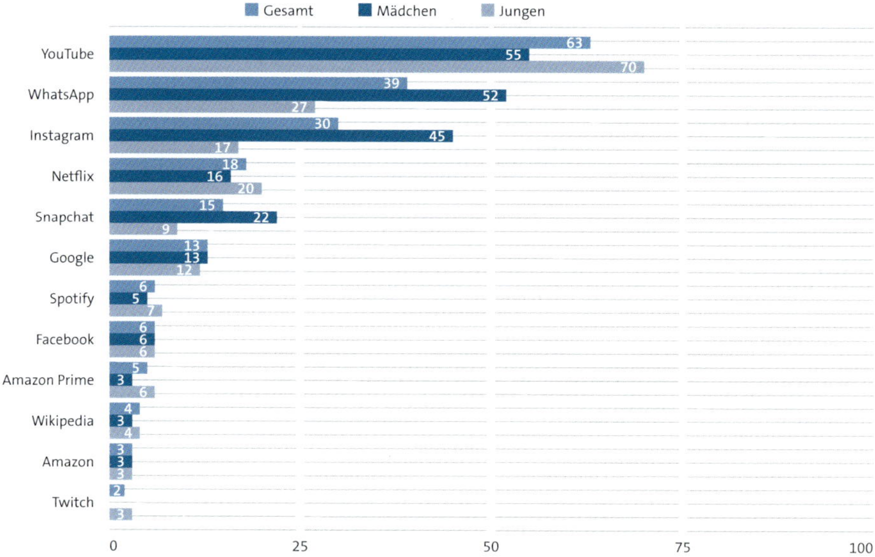

Quelle: JIM 2018, Angaben in Prozent, Nennung ab 2 Prozent (Gesamt), Basis: Internetnutzer, n = 1.198

tenzentrale der Jugendlichen, die WhatsApp-Nutzer schätzen, dass sie pro Tag im Durchschnitt 36 WhatsApp-Nachrichten erhalten. Relevante Plattformen sind noch Instagram, das von zwei Dritteln regelmäßig genutzt wird (täglich: 51 %) und Snapchat mit 54 Prozent regelmäßiger Nutzung (täglich: 46 %). Facebook landet mit deutlichem Abstand auf dem vierten Rang (15 %; täglich: 8 %). Twitter bleibt nach wie vor eine Nischenplattform und wird nur von acht Prozent der Jugendlichen regelmäßig genutzt. Auch Pinterest, Skype, Tumblr oder Google plus (inzwischen eingestellt) weisen nur eine sehr überschaubare Nutzerschaft auf.

Mädchen sind bei Snapchat (62 %, Jungen: 47 %), Pinterest (16 %, Jungen: 3 %) und Instagram (73 %, Jungen: 61 %) deutlich aktiver, Twitter hingegen wird von doppelt so vielen Jungen (10 %) wie Mädchen (5 %) aktiv und regelmäßig genutzt. Alle anderen Plattformen weisen keine geschlechtsspezifische Besonderheit auf.

In der JIM-Studie 2018 wurde der Umgang Jugendlicher mit den vergleichsweise neuen Plattformen Instagram und Snapchat näher untersucht. Das Hauptmotiv für die Nutzer von Instagram besteht demnach darin, am per Foto und Video dokumentierten Alltag von Personen aus dem persönlichen Umfeld teilzuhaben: 82 Prozent folgen häufig Leuten aus dem Bekanntenkreis. Nur ein Drittel verfolgt den Alltag von Stars oder Promis. Jeder Vierte kommentiert häufig Fotos und Videos, die andere gepostet haben und nur gut jeder Zehnte gibt an, selbst häufig Fotos oder Videos zu posten. Die Story-Funktion nutzt nur jeder zehnte Instagrammer selbst aktiv. Auch bei einer weiteren Betrachtung postet ein gutes Drittel der Instagram-Nutzer überhaupt nie eigene Stories.

Snapchat hat ebenfalls vor allem einen privaten Charakter: 86 Prozent der Nutzer sehen häufig sogenannte „Snaps“ von Leuten an, die sie persönlich kennen. Allerdings verschickt ein Viertel auch selbst häufig Snaps. Prominente oder Produktlabels sind

Beleidigende Inhalte 2018

• Es hat schon mal jemand peinliche/beleidigende Fotos/Videos, auf denen ich zu sehen war, verbreitet

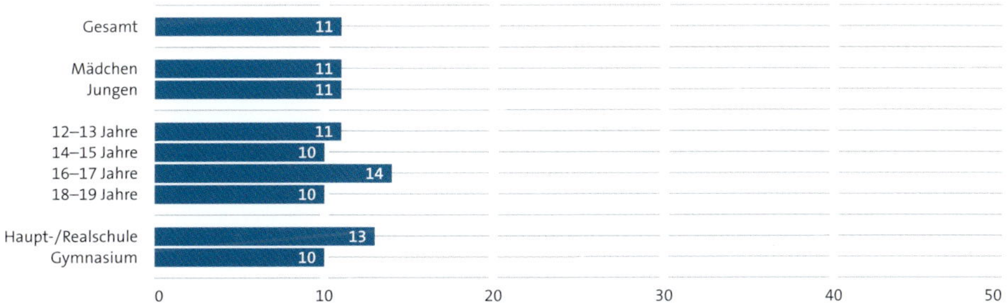

Quelle: JIM 2018, Angaben in Prozent, Basis: alle Befragten, n = 1.200

auf dieser Plattform für Jugendliche vergleichsweise unbedeutend.

Die vielfältigen Kommunikationsoptionen über soziale Netzwerke und Messenger bergen neben allen positiven Aspekten wie Vernetzung, Erreichbarkeit und Interaktivität auch Risiken. In der JIM-Studie werden regelmäßig auch problematische Aspekte der Smartphone- und Internetnutzung abgebildet. Jeder fünfte Jugendliche gibt an, dass schon einmal (absichtlich oder versehentlich) falsche oder beleidigende Inhalte über die eigene Person per Handy oder im Internet verbreitet wurden. Jungen sind hier etwas häufiger betroffen als Mädchen. Unter Jugendlichen mit formal niedrigerem Bildungshintergrund ist die Wahrscheinlichkeit, betroffen zu sein, höher als bei Jugendlichen mit formal höherem Bildungsniveau.

Konkret nach Bildmaterial, also Fotos oder Videos, gefragt, bestätigen elf Prozent der Jugendlichen, dass schon einmal peinliches oder beleidigendes Bildmaterial, auf dem sie zu sehen waren, verbreitet wurde. Hier sind Mädchen und Jungen gleichermaßen betroffen. Bei der Frage, ob im Bekanntenkreis schon einmal jemand per Smartphone oder online fertig gemacht wurde, bejahen dies 34 Prozent (2017: 37 %). Mädchen (39 %) haben häufiger einen Fall von Cybermobbing mitbekommen als Jungen (30 %). Auf die konkrete Nachfrage, ob die Befragten selbst schon einmal im Internet fertig gemacht wurden, bestätigen dies acht Prozent.

Neben der Möglichkeit direkter persönlicher Angriffe gibt es darüber hinaus auch meist verbale Anfeindungen, die sich an Dritte wenden und einzelne Personen oder auch Bevölkerungsgruppen mit Hassbotschaften verunglimpfen und beleidigen. In der JIM-Studie 2018 wurden die Jugendlichen gefragt, wie oft ihnen schon Hassbotschaften im Internet begegnet sind. Jeder Fünfte kann bestätigen, häufig im Internet mit Hassbotschaften in Kontakt gekommen zu sein.

Kontakt mit Hassbotschaften 2018

• Wie oft sind dir schon Hassbotschaften im Internet begegnet?

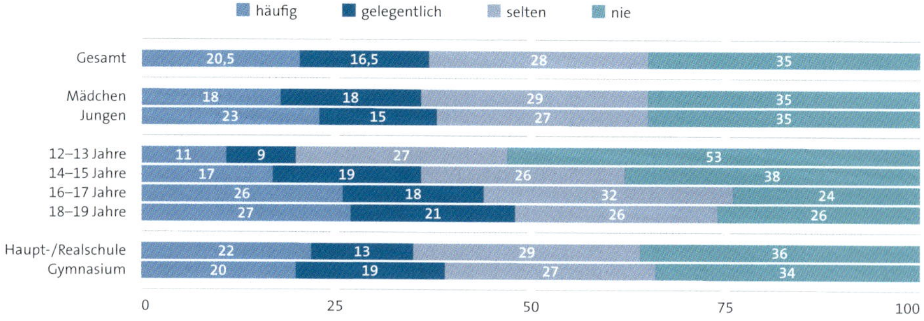

Quelle: JIM 2018, Angaben in Prozent, Basis: alle Befragten, n = 1.200

17 Prozent sind gelegentlich auf Feindseligkeiten im Netz gestoßen und 28 Prozent passiert dies eher selten. Etwa ein Drittel sah sich nach eigenen Angaben bisher noch nie mit Hass im Internet konfrontiert. Insgesamt kommen Jungen tendenziell eher in Kontakt mit feindseligen Botschaften, zudem steigt mit dem Alter der Jugendlichen die Wahrscheinlichkeit, Hasskommentaren zu begegnen.

Meist stoßen Jugendliche auf solche Hassbotschaften bei YouTube und Instagram, vereinzelt werden auch Facebook, WhatsApp, Twitter, Online-Spiele und Kommentarbereiche von Nachrichtenangeboten als Plattformen für Hate Speech genannt.

Diejenigen Jugendlichen, denen bereits Feindseligkeiten begegnet sind, wurden zudem gefragt, wie sie konkret auf Hass im Netz reagiert haben. Hier zeigen die Antworten je nach Kontext eine große Bandbreite an Reaktionen. Ein Großteil der Befragten gab an, Hassbotschaften zu ignorieren oder weiterzuscrollen. Teilweise berichteten die Jugendlichen, entsprechende Kommentare zu „disliken". Es spielt auch eine Rolle, wer von diesen Anfeindungen betroffen ist. Wurden in den betreffenden Fällen Stars oder Prominente angegriffen, wurde dies von den Jugendlichen tendenziell eher ignoriert. Ging es um persönliche Bekannte oder die Befragten selbst, wurden Hassbotschaften eher über die Betreiber der Plattform gemeldet, Urheber der Nachrichten blockiert und teilweise die Eltern eingeschaltet. Auch die Quelle spielt eine Rolle: Waren die Verursacher der Feindseligkeiten Freunde oder persönliche Bekannte, haben einige Jugendliche das Gespräch gesucht und versucht, deren Beweggründe zu erfahren. In drei Fällen hatten die Hassbotschaften weiterreichende Konsequenzen und sie wurden zur polizeilichen Anzeige gebracht.

Sabine Feierabend ist Referentin für Medienforschung/Programmstrategie beim Südwestrundfunk (SWR).

Theresa Reutter ist Referentin für Medien- und Publikumsforschung bei der Landesanstalt für Kommunikation Baden-Württemberg (LFK).

Thomas Rathgeb ist Leiter der Abteilung „Medienkompetenz, Programm und Forschung" der Landesanstalt für Kommunikation Baden-Württemberg (LFK) und Leiter der Geschäftsstelle des Medienpädagogischen Forschungsverbundes Südwest (mpfs).

Wie nimmt die Bevölkerung Hassrede im Netz wahr?

Ergebnisse einer repräsentativen forsa-Umfrage der Landesanstalt für Medien NRW

Meike Isenberg

Die Landesanstalt für Medien NRW hat ihre in 2016 begonnene und in 2017 fortgeführte Zeitreihenuntersuchung zur Wahrnehmung von Hassrede im Internet im Juni 2018 erneut durchgeführt und dabei um zwei Aspekte erweitert.

Die Ergebnisse machen deutlich, dass Hassrede die Wahrnehmung der Internetnutzerinnen und -nutzer immer weiter durchdringt: 78 Prozent der Befragten – und damit 11 Prozent mehr als im Vorjahr – gaben an, schon einmal mit Hasskommentaren konfrontiert worden zu sein. Gleichzeitig stieg die Zahl derjenigen, die sich aktiv gegen Hassrede engagieren, indem sie Gegenrede üben oder Hasskommentare melden. Unverändert blieb die Zahl derjenigen, die zugaben, selbst schon einmal Hasskommentare verfasst zu haben: So hat lediglich ein Prozent der (online und anonym) befragten Internetnutzerinnen und -nutzer, die schon mal mit Hassbotschaften im Netz konfrontiert worden sind, auch schon selbst einmal einen Hasskommentar verfasst.

Zwei 2018 erstmals gestellte Fragen machen hierzu eine auffällige Diskrepanz deutlich, denn 35 Prozent der Befragten glauben, dass es mehr hetzerische als sachlich kommen-

Untersuchungsdesign:

Datenbasis: 1.008 Befragte im Alter ab 14 Jahren, die privat das Internet nutzen
Erhebungszeitraum: 1. bis 8. Juni 2018
statistische Fehlertoleranz: +/–3 Prozentpunkte
Methode: Online-Befragung (CAWI)
Auftraggeber: Landesanstalt für Medien NRW

tierende User gibt und 39 Prozent sind der Ansicht, dass es im Internet mehr Hass- als Sachkommentare gibt. Die Ergebnisse zeigen, dass die als viel wahrgenommene Hetze im Netz durch nur wenige Hetzer verursacht wird. Dass es sich hierbei also um eine „laute Minderheit" handelt, impliziert die Chance, den zunehmenden Hass im Internet in den Griff zu bekommen und das Netz wieder zu dem Kommunikationsraum zu machen, der es sein sollte: geprägt von einer freien, offenen und konstruktiven Debattenkultur.

Hinsichtlich möglicher *Gründe* für das Auseinandersetzen mit Hasskommentaren im Internet zeigen sich kaum Unterschiede im Vergleich zu den Vorjahren: Nach wie vor beschäftigt sich die Mehrheit der Internetnutzer näher mit Hasskommentaren, wenn es sich bei diesen um ein für sie relevantes Thema handelt (76 %) oder weil sie diese entsetzen (74 %). Gut jeder zweite Befragte, der schon einmal auf Hasskommentare reagiert hat, beschäftigt sich mit diesen, weil er etwas über die Meinung anderer erfahren möchte (55 %) und 46 Prozent, um diese dann gegebenenfalls zu melden. Jeweils etwa ein Drittel setzt sich mit Hasskommentaren auseinander, um mit anderen darüber reden zu können (34 %), weil sie diese interessant finden oder um sich an der entsprechenden Diskussion beteiligen zu können (jeweils 31 %). Immerhin 19 Prozent beschäftigen sich mit Hasskommentaren, weil sie diese unterhaltsam finden.

Die wesentlichen Ergebnisse im Überblick:

- Die Wahrnehmung von Hassrede ist weiterhin ein *gesamtgesellschaftliches Problem* – und hat sogar *zugenommen* (über alle Altersstufen hinweg): 78 % der Bevölkerung sehen sich mit Hassrede konfrontiert (2017: 67 %), 36 % sogar häufig bis sehr häufig (2017: 27 %).
- Weiterhin sind *14–24-Jährige überdurchschnittlich häufig* betroffen: 96 % (2017: 94 %).
- Der Anteil derjenigen, die einen *Hasskommentar gemeldet* haben, ist auf 26 % *gestiegen* (2017: 22 %), ebenso der Anteil derjenigen, die kritisch auf einen *Hasskommentar geantwortet* haben: 25 % (2017: 18 %).
- Weiterhin gilt: *Nur 1 % der Befragten, die bereits Hassrede im Internet wahrgenommen haben, hat schon einmal einen Hasskommentar verfasst.*
- *35 %* meinen hingegen, dass es *mehr hetzerische als sachlich kommentierende Nutzer gibt* (in 2018 erstmals abgefragt).
- *39 %* meinen, dass es im Netz *mehr Hass- als Sachkommentare* gibt; bei den *14–24-Jährigen* meint dies fast die Hälfte *(47 %)* (ebenfalls in 2018 erstmals abgefragt).

https://www.medienanstalt-nrw.de/StudieWahrnehmungVonHasskommentaren

Wahrnehmung von Hate Speech im Internet

• Es haben persönlich schon Hate Speech im Internet gesehen

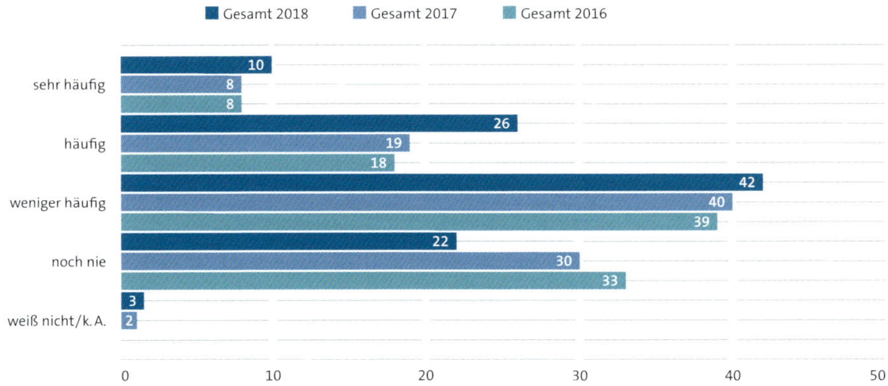

Quelle: Landesanstalt für Medien NRW, Angaben in Prozent, Basis: 1.008 Befragte (2018)/1.011 Befragte (2017)/2.044 Befragte (2016)

Frauen beschäftigen sich häufiger als Männer mit Hasskommentaren, weil sie Hasskommentare entsetzen. Männer tun dies hingegen etwas häufiger als Frauen, weil sie Hasskommentare unterhaltsam finden. Jüngere Internetnutzer unter 25 Jahren beschäftigen sich überdurchschnittlich häufig mit Hasskommentaren, wenn es sich bei diesen um ein für sie persönlich relevantes Thema handelt oder weil sie diese interessant bzw. unterhaltsam finden. Um mit anderen darüber reden zu können, beschäftigen sich überdurchschnittlich häufig Befragte ab 60 Jahren mit Hasskommentaren.

Hinsichtlich der *Bewertung* von Hasskommentaren im Internet zeigen sich nahezu keine Veränderungen zu den Vorjahren. Nahezu alle Befragten (92 %) sind der Meinung, dass anonyme Hasskommentare über das

Ein Ergebnisbericht zur Studie sowie die ausführlichen Ergebnisse einschließlich eines Vergleichs mit den Vorjahren sind online abrufbar:

Ergebnisbericht der forsa-Befragung 2018 zur Wahrnehmung von Hassrede:
https://www.medienanstalt-nrw.de/forsahassrede2018.html

Zentrale Ergebnisse forsa-Befragungen 2016 bis 2018 zur Wahrnehmung von Hassrede:
https://www.medienanstalt-nrw.de/forsahassrede2016-2018.html

Internet feige sind. 68 Prozent machen Hasskommentare im Internet wütend, für 61 Prozent ist es Zeitverschwendung, sich mit diesen zu beschäftigen und gut jeder Zweite (55 %) hat kein Interesse an Hasskommentaren. Dass sie für manche Hasskommentare Verständnis haben, geben 19 Prozent an.

Frauen geben tendenziell häufiger als Männer an, dass sie Hasskommentare wütend machen oder verängstigen und dass öffentliche Nutzerkommentare im Internet häufiger Hasskommentare als sachliche Meinungsäußerungen sind. Westdeutsche sind etwas häufiger als ostdeutsche Internetnutzer der Meinung, dass es mehr Internetnutzer gibt, die öffentliche Beiträge im Internet hasserfüllt und hetzend kommentieren, als solche, die öffentliche Beiträge sachlich kommentieren. Sie sind ebenfalls häufiger als ostdeutsche Internetnutzer wütend über Hasskommentare. Mit zunehmendem Alter nimmt das persönliche Interesse an Hasskommentaren ab, während auf der anderen Seite das Gefühl tendenziell zunimmt, dass Hasskommentare einen persönlich verängstigen. Jüngere Internutzer unter 25 Jahren haben überdurchschnittlich häufig den Eindruck, dass öffentliche Nutzerkommentare im Internet häufiger Hasskommentare als sachliche Meinungsäußerungen sind.

Dr. Meike Isenberg betreut die Forschungsaktivitäten der Landesanstalt für Medien NRW. Zuvor hat sie dort als Referentin für Forschung und Medienkompetenz u. a. das Projekt „Medienscouts NRW“ geleitet.

Hasskommentare im Netz

Ergebnisse einer Studie im Auftrag der Landesanstalt für Medien NRW

Leif Kramp und Stephan Weichert im Gespräch

Im Rahmen einer Studie zum Thema Hassrede in sozialen Netzwerken untersuchten die beauftragten Wissenschaftler *Prof. Dr. Stephan Weichert* (Hamburg Media School) und *Dr. Leif Kramp* (Zentrum für Medien, Kommunikations- und Informationsforschung [ZeMKI] der Universität Bremen) unter anderem anhand einer quantitativ-qualitativen Kommentaranalyse das Diskussionsverhalten von Nutzerinnen und Nutzern in unterschiedlichen Online-Diskursverläufen. Dafür wurden über 6.700 Nutzerkommentare zu journalistischen Beiträgen ausgewertet. Als Kooperationspartner standen Deutschlandfunk Kultur, die Mediengruppe RTL Deutschland, die Rheinische Post Online (RP Online), Spiegel Online und tagesschau.de zur Verfügung, mit deren Redaktionen überdies zwölf Expertengespräche zu den bisherigen Praktiken und Erfahrungen geführt wurden.

Interview

Inwieweit hat sich die Debattenkultur im Netz in den vergangenen Jahren verändert?

Leif Kramp: Eine Entwicklung hin zu mehr Eskalation zeigt sich heute immer stärker. Der Ton wird ruppiger, ist rücksichtsloser und unverblümter geworden. Man kann schon den Eindruck bekommen, dass hier eine Art von Verwahrlosung der Debattenkultur droht. Dennoch gibt es viele Ansatzpunkte, die hoffen lassen. Das hat auch unsere Studie gezeigt: Das Ruder lässt sich noch herumreißen, wenn Redaktionen strategisch klug handeln. Doch die Herausforderungen wachsen.

Stephan Weichert: Die Zahl der Redaktionen, die sich überlegen, den Dialog ganz aufzugeben, steigt. Hinter vorgehaltener Hand wird darüber gesprochen, ob sich der Diskurs mit dem Nutzer überhaupt noch lohnt. Ich verstehe die Studie deshalb auch als Ermutigung, die Flinte nicht ins Korn zu werfen, sondern als Redaktion das Zepter wieder in die eigene Hand zu nehmen. Indem man sich wieder intensiver mit den eigenen Kommunikationsstrategien beschäftigt und in Ressourcen investiert, um die Kontrolle über den Diskurs, der auf den eigenen Seiten geführt wird, wieder zurückzugewinnen. Das ist nicht leicht und kann nicht nur von Aushilfen geleistet werden. Aber am Ende haben nicht nur Journalisten etwas davon, sondern auch das Publikum, weil es durch den Austausch an Wissen gewinnt.

Und wenn ich bedenkliche Beiträge einfach lösche oder ausblende, wie es ja viele Redaktionen machen?

Stephan Weichert: Wer den Dialog einfach abschaltet, entzieht sich meiner Meinung nach seiner professionellen, aber auch der gesellschaftlichen Verantwortung. Es ist nicht nur eine Frage der Machbarkeit für Redaktionen zu erkennen, warum der Dialog mit den Nutzern inzwischen absolut notwendig geworden ist. Dafür stehen wir mit dieser Studie ein und dafür werben wir.

Leif Kramp: Wer sich nur auf das Löschen beschränkt, wird als Hausherr auf der eigenen Seite nicht mehr sichtbar. Aber auch wenn sich Redaktionen komplett aus Nutzerdiskursen zurückziehen und den Hassrednern das Feld überlassen, führt das vor allem dazu, dass man diejenigen verprellt, die sich vielleicht konstruktiv einbringen würden, aber von Hassrede und inzivilen

Kernergebnisse der Online-Diskursanalyse (Auszug)

1. Es findet *kaum redaktionelle Moderation* statt, was dazu führt, dass es nur wenig Effekte/Rückwirkung auf den Verlauf öffentlicher Diskurse gibt.
2. Eine aktive Diskussionsbeteiligung der jeweiligen Redaktion wirkt sich direkt auf die Positionierung des betreffenden Hauptkommentars und dessen Diskussionsstrang in der *algorithmischen Sortierung* aus.
   Die entsprechenden *Redaktionskommentare werden automatisch höher gerankt.* Auf diese Weise kann eine Redaktion durch gezielte Kommentierung bestimmten Diskussionssträngen zu mehr Aufmerksamkeit verhelfen.
3. Der *Vorwurf der Propaganda und der Lügenpresse* zieht sich durch nahezu alle analysierten Diskurse. *Unabhängig vom Thema des journalistischen Beitrags* werfen UserInnen und User den Journalistinnen und Journalisten bewusste Manipulation und interessengeleitete Berichterstattung vor.
4. *Höchstens ein Drittel der Kommentare hat einen thematischen Bezug* und geht ausdrücklich auf Themen ein, die im journalistischen Beitrag vorkommen (Rest = themenfremde Verunglimpfungen, Hetze).
5. Es gibt nur *wenige dominante, dabei durchweg negativ kommentierende Userinnen und User*, die in ihren meist ähnlichen Kommentaren zu bestimmten Sichtweisen und/oder Handlungen aufrufen („Trollverhalten“; Motive: Geltungsdrang, missionarischer Eifer).
6. Fast alle Kommentare werden *am ersten Tag nach der Veröffentlichung* eines Beitrags erstellt (dann rasch nachlassend).

Äußerungen in den Nutzerkommentaren verschreckt oder eingeschüchtert werden.

Aber gerade für ressourcenschwache Redaktionen ist das oftmals der einfachste Weg.

Leif Kramp: Kleinere Redaktionen, gerade im Lokal- und Regionalbereich, haben es natürlich schwerer. Man sollte sich deshalb genau überlegen: Wieviel Interaktivität mit Nutzern nützt mir als Redaktion, welche In-

10-Punkte-Plan

Mit der praxisorientierten Handreichung „Hasskommentare im Netz. Steuerungsstrategien für Redaktionen" hat die Landesanstalt für Medien NRW einen 10-Punkte-Plan gegen Hassrede im Netz veröffentlicht. Er zeigt auf, wie Redaktionen entschieden gegen Hasskommentare in den Kommentarspalten auf ihren Online-Auftritten vorgehen und ausufernde Debatten zivilisieren können. Die empfohlenen Maßnahmen sind das Ergebnis des Forschungsprojekts der Landesanstalt für Medien NRW und den Wissenschaftlern Prof. Dr. Stephan Weichert und Dr. Leif Kramp, das mit Unterstützung der Google Germany GmbH umgesetzt wurde.

1. *Entschieden moderieren:*
   Mit sachlicher Moderation „Hausrecht" durchsetzen.
2. *Direkte Ansprache:*
   Häufiger zu Wort melden.
3. *Gegenrede stärken:*
   Konstruktive Userinnen und User belohnen.
4. *Aktionen gegen Hassrede:*
   Journalistische Programme, Formate und Veranstaltungen entwickeln.
5. *Hässliches Dominanzgefälle:*
   Sich der destruktiven Minderheit bewusst werden.
6. *Konstruktiver Journalismus:*
   Alltagsthemen/-probleme von Nutzerinnen und Nutzern aufgreifen und Handlungsmöglichkeiten aufzeigen.
7. *Mensch-Maschine-Filter:*
   Automatisierungstools können Moderationsteams nicht ersetzen.
8. *Ironie- und zynismusfreie Zone:*
   Auf den eigenen Tonfall achten und auf Spott verzichten.
9. *Ressourcen bereitstellen:*
   4-Augen-Prinzip auch im Nutzerdialog.
10. *Respekt verschaffen:*
    Klartext reden und auf Augenhöhe kommunizieren.

halte lasse ich auf meiner Plattform überhaupt diskutieren, um darauf aufbauend Schwerpunkte zu setzen und sich auf bestimmte Themenprofile und Formate zu konzentrieren. Der Dialog ist ja auch eine Chance, um als Redaktion zu ermitteln, welche Themen meine Leser oder Zuschauer interessieren. Im Kern geht es darum, Diskurse entschieden und fair zu moderieren.

Stephan Weichert: Inzwischen weiß jeder, dass man ohne Konsumenten kein journalistisches Produkt mehr denken, geschweige denn verkaufen kann. Das Zeitalter der Publikumspresse verbunden mit dem Glauben, dass sich schon Abnehmer für ein Produkt finden lassen, ist längst vorbei. Selbst die Special-Interest-Produkte brauchen ihre Leserschaft. Durch den Dialog holt man sich wichtiges Feedback ein und generiert neue Themen.

Gehört der Dialog mit den Lesern und Zuschauern also mittlerweile fest zum Anforderungsprofil eines Journalisten?

Stephan Weichert: Ja, das ist eine originäre Aufgabe geworden. Diskurse in ausgeglichene Bahnen zu lenken, erfordert allerdings eine ausentwickelte Moderationsstrategie, spätestens wenn es um Hassrede geht. Journalismus hat heute umso mehr die Aufgabe, dieses Selbstgespräch der Gesellschaft zu moderieren. Journalismus muss Teil dieser gesellschaftlichen Debatte bleiben, sonst droht er sich selbst abzuschaffen.

Prof. Dr. Stephan Weichert, M. A., ist Leiter des berufsbegleitenden Masterstudiengangs „Digital Journalism“ und Direktor des „Digital Journalism Fellowship“ an der Hamburg Media School.

Dr. Leif Kramp, M. A., ist Postdoc und Forschungskoordinator am Zentrum für Medien-, Kommunikations- und Informationsforschung (ZeMKI) der Universität Bremen.

Literatur

Leif Kramp und Stephan Weichert (2018): Hass im Netz. Steuerungsstrategien für Redaktionen. Leipzig: Vistas Verlag, 318 Seiten, 26 Euro, ISBN: 978-3-89158-647-1.

Das Whitepaper „Hasskommentare im Netz. Steuerungsstrategien für Redaktionen“ und ein Factsheet mit allen wesentlichen Ergebnissen sind online abrufbar. Auch eine ausführliche wissenschaftliche Publikation wurde im Herbst 2018 im VISTAS Verlag veröffentlicht. https://www.medienanstalt-nrw.de/StudieHasskommentareImNetz

Hate Speech und Cybermobbing als Herausforderung für die Medienpädagogik

Vera Borngässer, Sabine Eder, Jörg Kratzsch

#SozialeNetzwerke – Dabeisein ist alles?!

Social-Media-Plattformen und Messenger-Apps bieten jungen Menschen zahlreiche Kommunikations- und Interaktionsmöglichkeiten. In der Art und Weise der Nutzung digitaler Medien spiegelt sich insofern auch immer das Bedürfnis nach Austausch, Teilhabe, Selbstdarstellung und Experimentierfreude wider. Soziale Medien spielen somit eine wichtige Rolle für die Partizipations- und Kommunikationskultur und das Persönlichkeits- und Identifikationsmanagement Heranwachsender. Zu den beliebtesten Anwendungen gehören derzeit WhatsApp, Instagram, YouTube, Snapchat, Twitch und TikTok, aber auch Tellonym.

Die Interaktion in der virtuellen Welt hat jedoch auch Schattenseiten, zu denen Hasskommentare und Cybermobbing gehören. So werden Snapchat-Fotos unvorteilhaft verfremdet und weitergeschickt oder Hassgruppen auf WhatsApp gegründet. Auf Tellonym wird anonym „gehated" und beim Streamen über Twitch geben sich Spielergilden Namen mit Bezug zum Nationalsozialismus.

Relevant werden negative Aspekte wie Hate Speech und Cybermobbing meistens dann, wenn es an das erste Smartphone geht. Denn Kinder haben, oftmals schon im Grundschulalter, mit dem Smartphone ein sehr mächtiges Instrument in der Hand und benötigen Unterstützung, um reflektiert, kritisch und verantwortungsvoll damit umzugehen.

#Peer-to-Peer – langfristig Haltung beziehen

Gewalt und Mobbing ist kein neues Phänomen des Internetzeitalters. Im digitalen Raum scheint aber die Hemmschwelle besonders niedrig zu sein, wenn es darum geht, andere abzuwerten und anzugreifen. Lehrkräfte, Eltern und Pädagog*innen der außerschulischen Kinder- und Jugendarbeit berichten z. B. sehr häufig von Beleidigungen und Ausgrenzung in WhatsApp-Gruppenchats. Scheinbar leicht sind Anfeindungen getippt, die von Angesicht zu Angesicht aus-

*„Einige Schüler*innen meiner Klasse gründeten eine WhatsApp-Gruppe, die sich ‚Alle gegen Leon!' nannte"*, berichtet der Lehrer eines vierten Jahrgangs. *„Der betroffene Schüler war erst Mitglied in der Gruppe und sah, was über ihn geschrieben wurde. Dann wurde er aus der Gruppe ausgeschlossen."*

zusprechen für die meisten nicht denkbar wären.

Die Ursachen von Cybermobbing können vielfältig sein: Frustration, fehlendes Selbstwertgefühl, Unkenntnis, raue Kommunikationskultur, fehlendes Bewusstsein für die Folgen oder mangelnde Empathiefähigkeit, die noch verstärkt werden kann durch die „digitale Distanz". Aber wie entwickeln Heranwachsende eine wertschätzende Kommunikationskultur und ein respektvolles Miteinander im Internet?

Die Bandbreite an Strategien und Methoden im Umgang mit Ausgrenzung und verletzendem Verhalten bis hin zum Cybermobbing ist groß. Ziel ist in der Regel die Aufklärung und Sensibilisierung sowie eine Entwicklung von Handlungsmöglichkeiten und verbindlichen Regeln zum Miteinander in der virtuellen Welt. Medienpädagogik ist oft im Bereich der Prävention gefragt, unterstützt jedoch auch Multiplikator*innen, wenn es um Interventionen im Krisenfall geht.

Ob Rollenspiele, Diskussionsrunden oder kreative Medienarbeit – zentral ist, die Kinder und Jugendlichen auch auf emotionaler Ebene zu erreichen. Besonders wirkungsvoll ist hierbei eine sensible Einbeziehung von Betroffenen und eine peerbezogene Arbeit. Geben Jugendliche ihr Wissen an andere (etwas jüngere) Jugendliche weiter, so werden sie aufgrund ihres ähnlichen medialen Erfahrungsschatzes als authentisch wahrgenommen. Die Jugendlichen begegnen einander auf Augenhöhe, das schafft eine besondere Vertrauensbasis, die hilfreich für eine gute Lernatmosphäre sein kann.

Gerade, wenn es um Peer-to-Peer-Ansätze geht, steht Medienpädagogik vor der Herausforderung, auch die Erwachsenen zu schulen, die wiederum die Kinder und Jugendlichen alltäglich begleiten und stützen. Medienpädagog*innen brauchen Hintergrundwissen und Methoden, müssen aber auch strukturelle und schulorganisatorische oder außerschulische Rahmenbedingungen berücksichtigen.

*„Es muss (...) eine Haltung der gesamten Schule etabliert werden, in denen sich pädagogische Fachkräfte, Eltern und Schüler*innen gemeinsam berufen fühlen, pro-soziale Verhaltensweisen zu unterstützen. Dazu sollen medienpädagogische Projekte ergänzt werden mit Inhalten aus dem sozialen Lernen, um nicht nur im konkreten Fall Empathie zu schaffen, sondern diese als digitale Empathie auf das Internet zu übertragen.*
(Philipp Bahar Kremer, Cybermobbing Prävention e.V. www.cybermobbing-praevention.de)

Eine feste Verankerung von Mentor*innenen-Programmen an Schulen kann erfolgversprechend sein, insbesondere, wenn sie an der Schnittstelle von Medienpädagogik, Gewaltprävention und sozialem Lernen angesiedelt wird.

#HateSpeech – Hassrede ist keine Meinung

Verbale Entgleisungen, despektierlichen Äußerungen und Hasskommentare sind leider keine Rarität in sozialen Netzwerken. Doch damit nicht genug, die Verfasser*innen von menschenverachtenden Posts behauptet zudem häufig, dass Accountsperren und Sanktionen ihrem Recht auf freie Rede widersprächen und sie dadurch in ihren Grundrechten limitiert seien. Doch auch im Internet gilt glücklicherweise, dass die individuelle Freiheit dort endet, wo die Freiheit und die Würde Dritter eingeschränkt wird oder wo Straftatbestände wie Verleumdungen, Beleidigungen und Volksverhetzung vorliegen.

Medienpädagogik wird in erster Linie konfrontiert mit der Frage, wie es gelingen kann, die Allgegenwärtigkeit negativer Beiträge zu durchbrechen und eine positive, wertschätzende Kommunikationskultur zu etablieren. Dies gilt auch für vermeintliche Witze und schwarzen Humor im Internet. Denn es gilt genau zu analysieren, was Humor und was Stigmatisierung ist. Nicht selten werden dabei zusätzlich ethische und rechtliche Grenzen überschritten. Die Definitionsmacht dessen, was witzig und was verletzend ist, obliegt bei alledem stets den Betroffenen eines vermeintlichen „Spaßes". Das gilt für schlüpfrige „Blondinenwitze" ebenso wie für abwertende Bezeichnungen von „People of Colour", die einer Welt und einem Selbstverständnis von vorgestern entspringen.

> *„Du Opfer! Du bist so hässlich, geh dich erhängen."*
> (unbekannter Nutzer auf YouTube)

#Respekt – der lange Weg zur wertschätzenden Kommunikationskultur

Interventions- und Präventionsstrategien folgen – entlang des Themenspektrums devianter Verhaltensweisen in sozialen Netzwerken – zeitgemäßen und zukunftsorientierten Bedarfen. Sie sind dabei gleichermaßen subjekt- und lebensweltorientiert. Insofern ist eine umfängliche Analyse der Zielgruppen und Zielstellungen Grundlage medienpädagogischen Handelns. Vereinfachte Täter*in(nen)-Opfer-Schemata greifen in pädagogischen Ansätzen zu kurz, da insbesondere in digitalen Medienangeboten ein unüberschaubar großer Kreis an Rezipient*innen „mitliest". Die Gruppe von „Betroffenen", die sich mit hasserfüllten und beleidigenden Inhalten in sozialen Netzwerken konfrontiert sehen, ist weit größer.

Begleitet von Medienpädagog*innen können junge Menschen gemeinsame Werte und Normen für ein digitales Miteinander aushandeln. Hierdurch sind sie nicht Objekt, sondern Subjekt ihrer Bildungsprozesse. Sie fühlen sich ernst genommen, denn ihre eigene Meinung zählt und fließt in die gemeinsamen Regeln mit ein. Schriftlich fixiert und von allen Mitwirkenden unterzeichnet, verbleiben sie in Form von Guidelines oder eines Verhaltenskodex in Einrichtungen und Schulen.

Die Abbildung rechts zeigt eine Antwortcloud von Kindern und Jugendlichen auf die Frage, was sie sich wünschen, um sich im sozialen, mobilen Netz wohlzufühlen.

Themenbezogene Präventionsarbeit ist vor allem dann wirkungsvoll, wenn sie langfristig stattfindet; Kinder und Jugendliche brauchen Zeit, um den Umgang mit Konflikten zu trainieren und eine wertschätzende Kommunikationskultur zu verinnerlichen. Sie benötigen konstant Unterstützung. Medienpädagogik steht deshalb immer wieder vor der Herausforderung, Verbindlichkeit zu schaffen und ein System zur langfristigen Etablierung anzustoßen in Settings, in denen sie nur anfänglich und kurz aktiv sein kann. Ganzheitliche und systemische Ansätze müssen somit die pädagogischen Fachkräfte und die Eltern einbeziehen, um nachhaltig wirksam zu sein.

#Eltern – ein gutes Vorbild ist mehr wert als 1000 Worte

Dank des stets griffbereiten Smartphones wird rund um die Uhr geknipst; auf Facebook, Instagram, WhatsApp oder Snapchat werden die Bilder dann gepostet und geteilt. Manche Eltern sind sich ihrer Vorbildrolle nicht immer bewusst, nutzen mobile Medien selbst hin und wieder unreflektiert. Dabei verletzen sie mitunter auch die Rechte der Kinder, da auch in familiären Kontexten nicht immer um Einverständnis gebeten wird, wenn Fotos geknipst und veröffentlicht werden. Sind die Fotos im Internet frei zugänglich, so können sie beispielsweise von Mitschüler*innen zur Verunglimpfung genutzt werden, was Schamgefühle hervorruft. Eltern sollten wissen, dass sie ihr Kind auf mehreren Ebenen unterstützen, wenn sie selbst verantwortungsbewusst und kritisch mit Medien umgehen und ein gutes Vorbild vorleben.

Viele Eltern haben Interesse am Austausch mit anderen Eltern und an Informationen rund um das Thema Medienerziehung, denn sie möchten ihre Kinder bei der Nutzung digitaler Medien gut begleiten können. Wichtig ist ein gleichberechtigter und bildungspartnerschaftlicher Ansatz auf Augenhöhe, der von gegenseitiger Wertschätzung geprägt ist und Belehrungen vermeidet.

„Meine Mutter hat so peinliche Fotos von mir bei WhatsAPP verschickt. Ich wollt das nicht!“
(Nina, 8 Jahre)

„Cybermobbing ist für Eltern oft noch schwieriger wahrzunehmen als herkömmliches Mobbing. Umso wichtiger ist es, dass die Eltern über Informationsveranstaltungen für das Thema Cybermobbing sensibilisiert werden. Auf so einem Elternabend kann das Konzept der Schule zur Prävention von Cybermobbing vorgestellt werden. Idealerweise wird auch erläutert, mit welchem Interventionsansatz bei Fällen von Cybermobbing reagiert werden soll“
(Matthias Felling, Dipl.-Pädagoge, Journalist, Medienpädagoge, AJS Köln).

Medienpädagogische Angebote sollten nicht top-down, sondern in enger Absprache mit den Institutionen und Elternvertretungen geplant werden. Bereits Einladungsschreiben für Elternangebote sollten Formulierungen enthalten, die eine Zusage wahrscheinlicher machen. Ebenso ist es hilfreich, eine Kinder- oder Geschwisterbetreuung zu organisieren. Kooperationsangebote sollten in den Einrichtungen stattfinden, die bereits von den gewünschten Zielgruppen besucht werden. Es kann eine große Bereicherung sein, Kinder und Jugendliche in die inhaltliche Gestaltung eines Angebotes einzubinden, so z. B. in die Ausrichtung eines Elterninformationsabends, bei dem sie Ergebnisse eines vorhergegangenen medienpädagogischen Projekts zum Thema (z.B. *Smart und fair im Netz*) vorstellen.

Sind in der Schule Cybermobbing-Fälle aufgetreten und es wird zum Elternabend geladen, so ist es ratsam, sich im Vorfeld abzusprechen und ggf. Unterstützung von Expert*innen, wie der Erziehungsberatungsstelle, zu holen. Nicht selten geraten Medienpädagog*innen mit präventiven Ansätzen in schwierige Gemengelagen, wenn vorab nicht klar kommuniziert wurde, dass es bereits „Vorfälle“ in der Einrichtung gab. Initiiert eine Institution ein Elternangebot zum Thema Cybermobbing, so sollte sie im Vorfeld einer Veranstaltung folgende Fragen für sich beantworten: Was unternimmt die Schule im Bereich der Prävention? Fühlt sich die Schule zuständig und fähig, Online-Konflikte zu lösen? Gibt es Ansprechpartner*innen für Eltern an der Schule? Wie wird interveniert? Gibt es eine Medienordnung, die auch Wert auf ein faires Miteinander legt?

#Counterspeech – Dabeisein ist alles, aber Einmischen ist mehr!

Mit Kommentaren wie diesen wird Zeina Nassar, Deutschlands amtierende Federgewicht-Meisterin im Boxen, regelmäßig konfrontiert. Zwar bekommt sie auch viel Zuspruch in den sozialen Netzwerken, doch sie muss weiterhin für ihre Rechte kämpfen, als Frau und als kopftuchtragende Muslima.[1] Das verwundert nicht, wenn man einen Blick auf die Zahlen wirft: Nach einer Umfrage des Europarats sind in erster Linie Lesben, Schwule, Bi-, Trans*-, Intersexuelle und sich als queer bezeichnende Menschen (kurz:

1 https://www.morgenpost.de/bezirke/friedrichshain-kreuzberg/article210451263/Zeina-Nassar-boxt-mit-Kopftuch-gegen-Vorurteile-an.html, Artikel von Martin Nejezchleba, 04.05.2017, 07:37 [Stand: 01.11.2018]

„Prügeln konnten sich die Kanaken ja schon immer gut."
(unbekannter Nutzer im Internet)

„700 Euro Weihnachtsgeld für Flüchtlinge"
(nachrichten.de.com)

LGBTIQ*) Ziel von Hasskommentaren, gefolgt von Muslimen und Frauen generell.[2] Hassrede spiegelt somit auch die Macht- und Diskriminierungsstrukturen unserer Gesellschaft wider und ist keineswegs ein Randphänomen, das im luftleeren Raum entsteht. Hier lohnt auch ein Blick auf strukturelle Benachteiligungen von Frauen im Beruf, auf den Kinderwunsch gleichgeschlechtlicher Lebenspartnerschaften oder die Wohnungssuche von Migrant*innen.

Die Bandbreite von antidemokratischem, sexistischem und rassistischem Verhalten im Netz ist groß. Nicht selten wird sogar zur Gewalt gegen Menschen aufgerufen und extrem rechte Hasskampagnen wie #Kikagate, #Kandelistueberall, #Gamergate und #120dB verbreiten sich rasant. Auf der Suche nach der Motivation stellt sich immer die Frage, ob die Art der Kommunikation Resultat eines unreflektierten Online-Verhaltens oder eine an die Peer-Group angepasste Verhaltensweise ist. Auf der Hand liegt, dass das Zusammengehörigkeitsgefühl mit anderen und das Empfinden von Macht bei Hassrede im Netz eine große Rolle spielen.

Immerhin haben 25 Prozent der jungen Menschen laut eigenen Angaben bereits auf einen Hasskommentar geantwortet, um diesen zu kritisieren. Und doch hält sich ein Großteil mit Aktivitäten gegen Hasskommentare im Netz zurück.[3] Aus Erfahrungen in Seminaren mit Schüler*innen wird deutlich, dass dies überwiegend in der Angst begründet liegt, selbst zum Opfer zu werden. Soziale Netzwerke spielen eine immens große Rolle im Rahmen des Identifikations-, Informations- und Beziehungsmanagements junger Menschen.[4] Die Angst, für das eigene Einschreiten von der Onlinecommunity exkludiert zu werden, ist demnach ein wesentlicher Grund für junge Menschen, bei Hasskommentaren nicht einzugreifen. Jugendliche brauchen also Strategien, um in sozialen Netzwerken selbstbewusst und sachlich einzuschreiten und Position zu beziehen, sich dabei aber nicht selbst angreifbar zu machen.

„Wir müssen die rechte Gehirnhälfte erreichen", sagt der Medienpädagoge Markus Gerstmann. Die Jugendlichen müssen sich zunächst einmal gewahr werden, wie sie selbst eine Hassaussage oder eine Provokation empfinden würden. Durch Empathie kann es gelingen, sich nicht auf die Ebene

2 https://no-hate-speech.de/de/wissen/

3 forsa-Befragung zur Wahrnehmung von Hassrede im Internet im Auftrag der Landesanstalt für Medien NRW, Ergebnisbericht Hassrede. 14. Juni 2018, S. 3. Vgl. auch Beitrag Dr. Meike Isenberg in diesem Band.

4 Schmidt u. a. 2009, S. 3

„Wir wollten mit #denknet ein Konzept entwickeln, das Jugendliche besonders auf der emotionalen Ebene anspricht und nicht nur auf der kognitiven. Mit Verstand, aber eben auch mit Herz und Bauchgefühl können die Jugendlichen lernen, den problematischen Internetphänomenen, anmaßenden Kommentaren, Verschwörungstheorien und dem Hate Speech angemessen zu begegnen. Methodisch gut angeleitet, entwickeln sie so eine hohe Sensibilität für den Wahrheitsgehalt von Internetinhalten. Zudem erkennen sie Mechanismen, wodurch starke Emotionen ausgelöst werden können. Jugendliche werden so zu einem kritischen Umgang mit entsprechenden Inhalten befähigt und sie entwickeln Handlungssicherheit für ein smartes Reagieren uns Kommunizieren im Internet."
(Markus Gerstmann, Medienpädagoge im Bremer ServiceBureau Jugendinformation, Mitentwickler des Projektes #denknet).

der Hassredner*innen und Provokateur*innen zu begeben. In medienpädagogischen Angeboten wie zum Beispiel #denknet[5] lernen junge Menschen, souverän auf digitale Anfeindungen zu reagieren. Sie erfahren, wie sie rational mit klugen Argumenten und Fakten gegen provokante Sprüche angehen. Hierzu ist es auch hilfreich, auf die Solidarität der Online-Communities zu setzen. Wie das in der Praxis gelingen kann, zeigen die Online-Initiativen „No Hate Speech Movement", „Enough-is-Enough – Open Your Mouth", „debate/dehate", „@YesYoureRacist" oder Hashtags, wie #ichbinhier, #reconquistainternet und #metoo. Angebote wie diese, aber auch der Handysektor und klicksafe sind ausgesprochen wertvolle Informationsportale für Kinder, Jugendliche, Eltern und pädagogische Fachkräfte.

Den Jugendlichen müssen darüber hinaus Meldestrukturen und Hilfeseiten bekannt sein, wenn sie selbst oder Dritte zum Opfer werden. Hilfsangebote sind zum Beispiel das Beratungsangebot und Peer-to-Peer-Projekt juuuport.de der Niedersächsischen Landesmedienanstalt. Auch bei jugendschutz.net oder den Online-Wachen der Polizei können strafrechtlich oder jugendschutz-relevante Inhalte gemeldet oder zur Anzeige gebracht werden.

#Algorithmen – die Meinungsmacht der Inhaltsfilter

Die Sortieralgorithmen von Google oder Facebook entscheiden darüber, welche Beiträge uns bevorzugt angezeigt werden. Und damit haben sie eine große Macht: Sie können Meinungen prägen und ermöglichen, dass sich Falschmeldungen als Grundlage von Hate Speech rasant verbreiten.

Um fehlerhaften Nachrichten zu begegnen ist es notwendig, jungen Menschen Handwerkszeug zu vermitteln, um den Wahrheitsgehalt von Informationen zu über-

5 https://denk-net.info/

prüfen. Auch unabhängig von Themenfeldern wie Hate Speech oder Fake News ist das ein klassisches „Alltagsgeschäft" von Medienpädagogik mit dem Ziel, Menschen in ihrer Medienkompetenz zu fördern. In Projekten lernen sie Muster von Falschmeldungen und Verschwörungstheorien kennen und setzen sich mit Nachrichtenwegen im Internet auseinander. Durch die Produktion eigener (Falsch-)Meldungen und Kettenbriefe mit Tools wie dem „Meme-Generator", Hackasaurus", „Clone Zone" oder Bildbearbeitungsprogrammen entwickeln sie ein Verständnis dafür, wie einfach vermeintlich seriöse Beiträge zu generieren sind und wie leicht Bilder manipuliert werden können. Insbesondere bei dieser Methode ist es wichtig, auf themenfremde, kreative und humoristische Fallbeispiele zurückzugreifen und keineswegs in Seminaren menschenverachtende (Falsch-)Meldungen zu reproduzieren. Mit der umgekehrten Bildersuche lernen Jugendliche eine Möglichkeit kennen, Bilder oder Screenshots aus Videos zurückzuverfolgen, um zu überprüfen, welche Quelle eine Nachricht hat. Dabei wird immer wieder deutlich, dass Medienpädagogik darauf angewiesen ist, dass es Initiativen wie Mimikama, Hoaxmap oder correctiv.org gibt, die man als verlässliche Quellen zu Rate ziehen und empfehlen kann.

Medienpädagogik steht letztlich in der Arbeit mit jungen Menschen immer wieder vor der Herausforderung, entgegen einem Bedürfnis nach Zugehörigkeit zu einer (Meinungs-)Gruppe Meinungspluralität als Bereicherung erlebbar zu machen und eine algorithmische Meinungsmache als Einschränkung ihrer selbstbestimmten Meinungsbildung zu begreifen.

#Vernetzung #Verbreitung #Verständigung – Medienpädagogik interdisziplinär einbetten

Wenn Probleme in den (digitalen) Lebenswelten auftauchen, sind mitunter nicht nur Medienpädagog*innen gefragt, sondern Fachleute aus dem therapeutischen Bereich, aus der Informatik, der Justiz (Polizei, Verbraucherzentrale, Anwaltschaft) oder anderer Präventionsarbeit. Eine Zusammenarbeit in interdisziplinären Teams kann nicht nur gewinnbringend sein, sondern ist in manchen Fällen nahezu unabdingbar.

Kommt es zu einem „digitalen Notfall", so sollten passende lokale Ansprechpartner*innen als Unterstützung hinzugezogen werden können. Hilfreich ist ein lokales Netzwerk, auf welches pädagogische Fachkräfte und Eltern, aber auch Kinder und Jugendliche (möglichst kostenfrei) zurückgreifen

*„Pädagog*innen wünschen sich konkrete Hilfe, um Haltung gegen Hass und Ausgrenzung zu zeigen. Wir befähigen sie, digitale Notfälle zu erkennen, zu bewerten und zu lösen und somit junge Menschen adäquat begleiten und unterstützen zu können."*
(Alia Pagin, Medienpädagogin und Projektleitung des Modellprojekts „Heldenpartner – für ein starkes Netz im digitalen Notfall")

können. Das hessische Modellprojekt „Heldenpartner – für ein starkes Netz im digitalen Notfall" trägt diesem Bedarf Rechnung: Es baut modellhaft ein starkes schulinternes (durch ausgebildete Lehrkräfte und Pädagog*innen, sowie Schüler-Mentor*innen) und schulexternes (fachliche Expert*innen, Schulpsycholog*innen, Polizist*innen, Rechtsanwält*innen) Netzwerk auf, welches den pädagogischen Fachkräften in Konfliktsituationen zur Seite steht und ihnen Handlungssicherheit gibt. Dabei werden erarbeitete Materialien, die Webinare zu unterschiedlichen Themenfeldern und das Heldenpartner-Netzwerk allen Interessierten über die Webseite www.digitaler-notfall.de zugänglich gemacht. Im Schuljahr 2018/19 nehmen insgesamt 37 hessische Schulen am Modellprojekt teil. Das Modellprojekt wird gefördert durch das Bundesfamilienministerium (BMFSFJ) und die Regiestelle Demokratie leben![6]

„Wer (also Phänomene wie Cybermobbing und) Hate Speech ganzheitlich betrachtet und digitale Lebenswelten nicht als abgekoppelte ‚Unorte' begreift, wer ferner junge Menschen in ihrem realweltlichen Umfeld und online ernst nimmt und auch Bildungsaufträge demnach ganzheitlich versteht, ist in der Lage, sich Problemen, die sich auch online präsentieren, zu widmen. Wer moderne Medienangebote kennt und Menschen in ihrer Mediensozialisation und Interessenslage ernst nimmt, dem fällt es leichter einen Zugang zu diesen Menschen und deren Lebenswelten zu bekommen und Bildungsangebote zu unterbreiten.

Wer das Internet und speziell soziale Netzwerke nicht als das anerkennt, was sie sind, nämlich Lebensräume, Beziehungsräume und Plattformen der eigenen Selbstverwirklichung und (politischen) Partizipation, der vertut ebenso Bildungs-, Orientierungs- und Regulierungspotenziale, die mit diesen einhergehen. Eines muss uns bewusst werden: Wir reden bei allen Debatten um (Cybermobbing) Hasskommentare und Propaganda nicht von einem rein medialen Problem, sondern von einem ganzheitlichen und gesamtgesellschaftlichen Problem in allen Bereichen und auf allen Ebenen menschlicher Interaktion (...)"

Jörg Kratzsch, Lorenz Schill[7]

Das Leben in einer vernetzten Welt fordert nicht nur Schulen und außerschulische Institutionen, sondern uns alle zum Handeln auf. Familien, Bildungsinstitutionen, Politik und jede/r Einzelne von uns kann einen Beitrag leisten, um Hate Speech und Cybermobbing die Stirn zu bieten.

6 https://www.demokratie-leben.de/

7 Kratzsch, Jörg/Schill, Lorenz: Rechter Hass und Propaganda im Netz. Ein Ansatz der Präventionsarbeit von fjp>media. In: Sally Hohnstein/Maruta Herding (Hrsg.): Digitale Medien und politisch-weltanschaulicher Extremismus im Jugendalter. Erkenntnisse aus Wissenschaft und Praxis. DJI Außenstelle Halle. Leipzig 2017. S. 127/128. Download: https://www.dji.de/fileadmin/user_upload/bibs2017/Digitale_Medien.AFS.Band.13.pdf

*„Medienpädagogischer Jugendschutz heißt befähigen und stark machen. Es gilt allen Kindern und Jugendlichen ein Rüstzeug mitzugeben gegen sprachliche Gewalt im Netz. Für die Vermittlung digitaler Zivilcourage braucht es gut ausgebildete Pädagog*innen, aktive Netzwerke, langfristige Strukturen – für eine kreative und kritische Medienbildung in allen Bildungseinrichtungen! Dafür setzt sich die GMK seit mehr als 35 Jahren ein. In einer digital geprägten Gesellschaft und im Hinblick auf die digitalen Lebenswelten von Kindern und Jugendlichen ist die Forcierung und Verankerung einer vielschichtigen Medienbildung und Medienpädagogik unverzichtbar."*
(Dr. Friederike von Gross, Geschäftsführerin der Gesellschaft für Medienpädagogik und Kommunikationskultur, gmk-net.de).

Vera Borngässer:
Dipl. Medienberaterin (ARS), Dipl. Sozialarbeiterin (FH). Freie Medienreferentin.

Sabine Eder:
Dipl. Pädagogin, Gründungsmitglied und Geschäftsleitung Blickwechsel – Verein für Medien- und Kulturpädagogik und Vorsitzende der Gesellschaft für Medienpädagogik und Kommunikationskultur (GMK)

Jörg Kratzsch:
Medienwissenschaftler (M. A.), Projektleiter E-Learning am Landesfilmdienst Sachsen e. V.; Fachgruppensprecher der FG Kita der Gesellschaft für Medienpädagogik und Kommunikationskultur (GMK)

Linktipps

- Das *Zentrum Demokratische Kultur (ZDK)* macht sich stark für eine Sicherung demokratischer Kultur, indem es gegen extremistische Phänomene vorgeht. Eine außergewöhnliche Spendenaktion gehört zu den genialen Initiative des ZDK: Für jeden menschenverachtenden und/oder rassistischen Kommentar im Internet wird ein Euro für Flüchtlingsprojekte der „Aktion Deutschland Hilft" und „EXIT-Deutschland" gespendet. Das schafft für Hater*innen ein Dilemma, da sie quasi gegen sich selbst vorgehen. Mehr unter: www.hasshilft.de
- Das *NETTZ* fördert digitale Zivilcourage und tritt ein für eine positive Debatten- und Meinungskultur im Netz. https://www.das-nettz.de
- Der *„No Blame Approach"* ist ein Interventionsprogramm bei Mobbing und Cybermobbing, das gezielt ohne Schuldzuweisungen arbeitet: https://www.no-blame-approach.de
- Die Kinderseite der Bundeszentrale für politische Bildung *HanisauLand* greift das Thema Mobbing und Cybermobbing auf: https://www.hanisauland.de/spezial/mobbing

Literatur

- *Felling, Matthias/Philipp, Susanne*: Cybermobbing begegnen. Handreichung zum AJS-Workshop „Cybermobbing begegnen – Methoden und Ansätze zur Prävention". Arbeitsgemeinschaft Kinder- und Jugendschutz, Landesstelle NRW e.V., www.ajs.nrw.de, Köln, Stand: 17. Juni 2014
- *Frankenberger, Patrick/Ipsen, Flemming/Bollhöfner, Julian/Seitz, Christina/Wörner-Schappert, Michael*: Rechtsextremismus im Netz. Bericht 2017. Herausgeber: jugendschutz.net, Oktober 2018
- *Gerstmann Markus/Güse, Lea/Hempel, Lisa:* Wir müssen die rechte Gehirnhälfte erreichen, ab Seite 141 ff. In: Kai Kaspar, Lars Gräßer, Aycha Riffi (Hrsg.): Online Hate Speech – Perspektiven auf eine neue Form des Hasses. Schriftenreihe zur digitalen Gesellschaft NRW; 4, Düsseldorf; kopaed, München, 2017. Kostenloser Download auf der Grimme-Webseite: http://www.grimme-institut.de/publikationen/schriftenreihe/online-hate-speech
- *Keen Ellie/Georgescu, Mara*: Bookmarks – Bekämpfung von Hate Speech im Internet durch Menschenrechtsbildung. Wien 2017, 2. aktualisierte Auflage
- *Kretschmer Christine/Müsgens, Martin unter Mitarbeit von Elisa Wegmann und Benjamin Stodt*: Ratgeber. Cybermobbing. Informationen für Eltern, Pädagogen. Broschüre klicksafe (Hrsg.), Stand: Oktober 2018, 3. aktualisierte Auflage

II. Jugendmedienschutz
Maßnahmen und Erkenntnisse

Beeinträchtigend oder gefährdend?

Wirkungsrisiken von Hass, Hetze und Extremismus im Internet aus der Perspektive der Kriterien für die Aufsicht im Rundfunk und in den Telemedien der KJM

Sabine Mosler

1. Einführung

Inhalte, die Hass, Hetze und extremistisches Verhalten gegenüber Mitmenschen im Internet explizit propagieren und somit extreme Manifestationen der Menschenverachtung und Menschendiskriminierung sind, können in der Regel im Sinne des § 4 Abs. 1 Satz 1 Nr. 3 des Jugendmedienschutz-Staatsvertrages (JMStV) als unzulässig für Kinder und Jugendliche klassifiziert werden. Demnach sind Angebote unbeschadet strafrechtlicher Verantwortlichkeit unzulässig, wenn sie „zum Hass gegen Teile der Bevölkerung oder gegen eine nationale, rassische, religiöse oder durch ihr Volkstum bestimmte Gruppe aufstacheln, zu Gewalt- oder Willkürmaßnahmen gegen sie auffordern oder die Menschenwürde anderer dadurch angreifen, dass Teile der Bevölkerung oder eine vorbezeichnete Gruppe beschimpft, böswillig verächtlich gemacht oder verleumdet werden".

In einer Vielzahl der Medienangebote sind jedoch menschenverachtende und diskriminierende Inhalte nicht offen hetzerisch, sondern eher subtil und implizit formuliert: So werden z. B. in einem Online-Artikel pauschalisierende Äußerungen über eine Minderheitengruppe mit scheinbar seriösen Fakten belegt oder ironische Kommentare zu gleichgeschlechtlicher Sexualität in einem Online-Post abgegeben. Um bewerten zu können, wie solche Inhalte auf Kinder und Jugendliche wirken, müssen deshalb eine Vielzahl von Faktoren berücksichtigt und abgewogen werden: Welche Rolle bei der Wirkungsbewertung spielen die Ausprägung und Intensität dieser Inhalte und deren stilistische oder dramaturgische Darstellung? Welche Wirkungsrisiken, die die Entwicklung der Heranwachsenden zu einer eigenverantwortlichen und gemeinschaftsfähigen Persönlichkeit negativ beeinflussen können, ziehen sie nach sich? Wie groß sind diese Risiken? Welche Entwicklungsziele tangieren sie besonders stark?

Als Werkzeug, Medieninhalte im Hinblick auf ihre mögliche Wirkung auf Kinder und Jugendliche zu analysieren und zu klassifizieren, dienen der KJM die *Kriterien für die Aufsicht im Rundfunk und in den Telemedien*[1]. Sie befassen sich mit den Wirkungsrisiken, die zu einer „Entwicklungsbeeinträchtigung" oder „Entwicklungsgefährdung" führen können, sowie mit den medienrechtlichen Unzulässigkeitstatbeständen. Die Kriterien machen die Beurteilungsmaßstäbe der KJM nachvollziehbar und transparent und legen die Grundlagen ihrer Entscheidungen offen. Sie spiegeln die gegenwärtigen Problemlagen und Diskussionen über Medieninhalte wider, wobei Erkenntnisse der Medienwirkungsforschung sowie medienrechtliche Positionen berücksichtigt werden. Sie reflektieren die Normen und Werte unserer Gesellschaft und tragen den aktuell verfügbaren Inhalten in Rundfunk und Telemedien Rechnung. Aufgrund des ständigen Wandels der schnelllebigen Medien können die Kriterien jedoch grundsätzlich kein vollständiges Problemszenario enthalten. Auch unterliegen gesellschaftliche Normen und Werte einem ständigen Wandel, ebenso wie sich Medienangebote und Nutzungsmöglichkeiten verändern. Daher sind die Kriterien ein Heuristikum, das in der praktischen Arbeit fortwährend überprüft und regelmäßig angepasst wird.

In der folgenden Ausführung wird der Fokus auf jene Kriterien der KJM gelegt, die Maßstäbe für die Beurteilung der Wirkung von Inhalten enthalten, die menschendiskriminierendes bzw. menschenverachtendes Verhalten, also Hass, Hetze und Extremismus, verbreiten, sich jedoch unterhalb der Schwelle der Unzulässigkeit befinden. Hierbei sind die Wirkungsfolgen dieser Inhalte wie Beeinträchtigung oder Gefährdung von zentraler Relevanz. Auf den Aspekt der Unzulässigkeit geht Dr. Kristina Hopf in ihrem Beitrag „Mobbing, Hass und Extremismus. Möglichkeiten und Grenzen des Medienrechts" in diesem Band ein (s. S. 56), wobei sie hier auch auf entsprechende Ausführungen in den *Kriterien für die Aufsicht im Rundfunk und in den Telemedien* rekurriert.

2. Beeinträchtigende oder gefährdende Medieninhalte?

Der Begriff der „Beeinträchtigung" ist in § 5 Abs. 1 JMStV für den medienrechtlichen Bereich legaldefiniert. Er umfasst sowohl Hemmungen als auch Störungen der Entwicklung sowie Schädigungen von Kindern und Jugendlichen. Auf der *individuellen* Dimension sind insbesondere Beeinträchtigungen durch Ängstigungen, andere psychische Destabilisierungen sowie die Übernahme von Verhaltensmustern, die zu körperlichen oder seelischen Verletzungen führen können, zu beachten. Auf der *sozialen* Dimension ist es erforderlich, sich in die Gesellschaft mit ihrer Werteordnung insgesamt einfügen zu können. Es ist deshalb zu beachten, ob bei den medialen Angeboten die freiheitlich-demokratische Grundordnung und die Grundrechte einschließlich ihrer Schranken für Kinder oder Jugendliche als zentraler Maßstab der gesellschaftlichen Werteordnung erkennbar bleiben. Wenn Kinder oder

1 https://www.kjm-online.de/publikationen/pruefkriterien/, Abruf vom 30.10.2018

Jugendliche aufgrund ihres Alters abweichende Darstellungen z. B. im Bereich von Menschenwürde, Toleranzgebot, Schutz von Ehe und Familie und Demokratieprinzip nicht mit ausreichender Differenziertheit und Distanz verarbeiten können, ist von einer Entwicklungsbeeinträchtigung auszugehen. Die Einwirkung von Medieninhalten auf die Erziehungsziele ist somit bedeutsam: Im Hinblick auf die Rechte von Kindern und Jugendlichen sind Erziehungsziele auch stets die Erziehung im Geist der Freiheit, der Gleichheit, der Toleranz, der Würde, der Solidarität und des Friedens.

Der Begriff der „Entwicklungsgefährdung" ist im JMStV nicht ausdrücklich geregelt. Einzelne Tatbestände für das Vorliegen einer Entwicklungsgefährdung lassen sich dem Jugendschutzgesetz (JuSchG) entnehmen. Gem. § 18 Abs. 1 Satz 2 JuSchG zählen hierzu insbesondere unsittliche, verrohend wirkende, zu Gewalttätigkeit und Verbrechen oder Rassenhass anreizende Angebote sowie Angebote, in denen Gewalthandlungen wie Mord- und Metzelszenen selbstzweckhaft und detailliert dargestellt werden oder Selbstjustiz als bewährtes Mittel zur Durchsetzung einer vermeintlichen Gerechtigkeit nahe gelegt wird.

An das Vorliegen einer Entwicklungsgefährdung im Vergleich zur Beeinträchtigung werden strengere Maßstäbe geknüpft. Sie setzt einen stärkeren Einfluss auf die Entwicklung von Kindern und Jugendlichen im Vergleich zur Entwicklungsbeeinträchtigung voraus. Es muss die naheliegende Gefahr einer ernsthaften Entwicklungsschädigung minderjähriger Personen bestehen.

Bei der Feststellung einer Entwicklungsgefährdung oder einer Entwicklungsbeeinträchtigung ist dabei grundsätzlich auch auf die besonders anfälligen („gefährdungsgeneigten") minderjährigen Personen abzustellen.

Für die Feststellung des Beeinträchtigungs- bzw. des Gefährdungsgrades werden in den Kriterien der KJM die im Folgenden beschriebenen *Wirkungsfaktoren* berücksichtigt.

Sozialer Kontext

Das Risiko negativer Wirkungen von Medien kann entscheidend vom sozialen Kontext abhängen, in dem Kinder und Jugendliche aufwachsen. Er hat einen großen Einfluss auf ihre Identitätsbildung. Ein erhöhtes Risiko negativer Wirkungen besteht bei Kindern und Jugendlichen, die

- in einer sozial bzw. soziokulturell benachteiligten Situation aufwachsen,
- in ihrem sozialen Umfeld Gewalt und andere problematische Verhaltensweisen als legitimes (und Erfolg versprechendes) Mittel zum Erreichen von Zielen erfahren und
- über keine eigenen Erfahrungsgrundlagen verfügen, um in den Medien angebotene Handlungsmodelle überprüfen zu können.

Geschlechtsspezifische Unterschiede

Jungen und Mädchen gehen mit Medienangeboten unterschiedlich um und zeigen andere Aufarbeitungsstrategien medialer Inhalte. Geschlechtsspezifische Unterschiede manifestieren sich insbesondere in der Gewaltwahrnehmung. Zwar können Jungen und Mädchen gleichermaßen von medialen Gewaltbildern verunsichert und erschreckt werden, jedoch weisen sie unterschiedliche Erlebnishorizonte auf: Mädchen identifizieren sich stärker mit dem Opfer und konzentrieren sich auf die Folgen von Gewalt. Jungen orientieren sich stärker an den Helden und deren Rollenbildern. Die Wahrnehmung der Intensität der Gewalthandlungen ist ebenfalls unterschiedlich. So empfinden Mädchen bereits harmlosere Prügeleien als Gewalt, während Jungen vornehmlich drastische physische Formen als Gewalt interpretieren.

Realitätsgrad

Auch der Realitätsgrad eines Medienangebotes ist ein wichtiger Indikator im Hinblick auf dessen ängstigende oder sozialethisch desorientierende Wirkung. Angebote, deren Inhalte real sind oder real wirken, sowie jene, in denen die Übergänge zwischen Realität und Fiktion fließend sind, stellen unter Jugendschutzaspekten eine Herausforderung besonders für Kinder dar.

Bezug zur Lebenswelt

Es ist davon auszugehen, dass problematische Inhalte, die einen engen Bezug zur Lebenswelt von Kindern und Jugendlichen (Schule, Familie, Freunde etc.) haben, eher eine negative Wirkung (Ängstigung, sozialethische Desorientierung) entfalten als jene, die ihren Alltag wenig tangieren.

Identifikationsmöglichkeiten

Bei der Bewertung eines Medienangebots sind dessen Protagonisten im Hinblick auf Identifikationsmöglichkeiten für Kinder und Jugendliche zu beurteilen. Identifikationsmöglichkeiten können insbesondere bei positiv charakterisierten Protagonisten vorhanden sein, die einen hohen Attraktivitätsgrad aufweisen und mögliche Vorbildfunktionen erfüllen. Identifikationsanreize beruhen unter anderem auf dem Geschlecht, Alter, Aussehen und Habitus einer handelnden Person, ihren physischen und psychischen Fähigkeiten und Merkmalen, ihrem sozialen Status und ihrem biografischen Hintergrund. Identifikationsfördernd kann zudem eine kinder- bzw. jugendaffine Gestaltung der Medienangebote sein. Angebote sprechen Kinder und Jugendliche verstärkt an, wenn sie z. B.

- Kinder oder Jugendliche als Protagonisten haben,
- schwerpunktmäßig Themen der Selbstfindung behandeln,
- die Abgrenzung zur Erwachsenenwelt betonen,
- in spezielle Jugendszenen oder -kulturen eingebettet sind,
- mit Humor dargeboten werden,
- (vermeintlich) von Kindern oder Jugendlichen selbst erstellt wurden bzw. nicht- oder halb professionell dargeboten werden,
- in der Gestaltung auf die Wahrnehmungsfähigkeiten und Rezeptionsgewohnheiten jüngerer Nutzer zugeschnitten sind.

Interaktivität

Der interaktive Charakter eines Medienangebotes kann problematische Wirkungen auf Kinder und Jugendliche entfalten bzw. diese verstärken. Möglichkeiten zur interaktiven Teilnahme bieten z. B. soziale Netzwerke, Videoportale, Chaträume oder Onlinespiele. Durch entsprechende Kommentierungen können Personen beleidigt, beschimpft, diffamiert und erniedrigt werden.

Intention und Intensität

Neben den oben beschriebenen Wirkungsfaktoren wie sozialer Kontext, Realitätsgrad, Bezug zur Lebenswelt, Identifikationsmöglichkeiten und Interaktivität spielen Aspekte wie Intention und Intensität eine wichtige Rolle bei der Bewertung der Wirkung eines Medienangebotes. Sie konstituieren entscheidend seinen Wirkungsgrad und geben somit wichtige Hinweise auf die Wirkungsfolgen auf Kinder und Jugendliche, also darauf, ob es sich um ein beeinträchtigendes oder gefährdendes Medienangebot handelt.

Eigenverantwortung und Gemeinschaftsfähigkeit

Die potenziellen Wirkungsfolgen von menschendiskriminierenden und menschenverachtenden Medienangeboten werden in den Kriterien der KJM im Zusammenhang mit dem im § 5 Abs. 1 JMStV formulierten Anspruch auf eine „unbeeinträchtigte Entwicklung zu einer eigenverantwortlichen und gemeinschaftsfähigen Persönlichkeit" formuliert und durchdekliniert.

Eigenverantwortung setzt geistige Selbstständigkeit und personale Autonomie voraus. Sie beinhaltet die Fähigkeit zur Wahrnehmung von Rechten und Übernahme von Pflichten (Handlungskompetenz) sowie zur Selbstreflexion und kritischen Bewertung der jeweiligen Lebenswelt (Beurteilungskompetenz). Der Terminus der *Gemeinschaftsfähigkeit* bezeichnet eine „komplexe und vielschichtige Kompetenz, die kognitive, emotionale und motivationale sowie normative Aspekte umfasst" und das Individuum befähigt „mit anderen zu kommunizieren und zu kooperieren".[2]

Die Entwicklung dieser Fähigkeiten kann beeinträchtigt oder gefährdet werden, insbesondere in Medienangeboten, die strukturelle Gewalt, Diskriminierung sowie weltanschaulichen, religiösen und politischen Extremismus zum Thema haben.

Strukturelle Gewalt

Grundsätzlich problematisch sind Medieninhalte mit Darstellungen struktureller Gewalt in spekulativer Form (z. B. Szenarien der Endzeit, der Gefängnis- und Lagersituationen), in denen diktatorische, autokratische oder egomane Strategien und Verhaltensweisen als Erfolg versprechend und erstrebenswert konnotiert werden. Erscheinen Situationen struktureller Gewalt als ausweglos, muss die Frage gestellt werden, inwieweit eine emotionale Überbelastung

2 Bertelsmann Stiftung. Bertelsmann Forschungsgruppe Politik (Hrsg.): Gemeinsinn. Gemeinschaftsfähigkeit in der modernen Gesellschaft. Gütersloh 2002, S. 36

dahingehend erfolgen kann, dass das Verhältnis zwischen dem Individuum und der Gemeinschaft mit dauerhaften Ängsten besetzt wird und sich insbesondere im Grundmisstrauen manifestiert.

Bei der Bewertung des Aspektes der Beziehung zwischen dem Täter und Opfer oder Herrscher und Untergebenen im Kontext der strukturellen Gewalt kommt es darauf an, inwiefern auch biologistische, rassistische, sexistische Typologien für die Gesamtbeurteilung von Relevanz sein (s. u. Diskriminierung) können.

Die Wirkungsweise der Medieninhalte, die strukturelle Gewalt enthalten, wird wesentlich durch die Dramaturgie, die Identifikationsangebote sowie die Rolle und Perspektive des Betrachters geprägt.

Diskriminierung

Das Ergebnis der Beurteilung, ob eine Diskriminierung vorliegt, ist weitgehend kontextabhängig. Deshalb ist insbesondere zu prüfen, ob

- Angebote offen Diskriminierungen propagieren,
- sie dokumentarischen und aufklärenden Charakter lediglich vorschützen oder
- sie auf der Grundlage eines normativen Vorverständnisses des Betrachters Klischees und Vorurteile ironisch-satirisch brechen.

Die Erkennbarkeit des täuschenden oder ironischen und hierdurch verharmlosenden Charakters einer Darstellung ist unter Berücksichtigung der zu erwartenden kognitiven Möglichkeiten und dem Grad normativer Festigung einer Altersstufe zu beurteilen.

Diskriminierende Darstellungen und ihre möglichen Wirkungen werden in den Kriterien der KJM nach folgenden Bereichen unterschieden:

- *Sexuelle Diskriminierung*: Einseitige Charakterisierungen der Geschlechter (Objektcharakter, sexuelle Fremdbestimmung, Rollenklischees) sind geeignet, die Wahrnehmung des anderen Geschlechts negativ zu prägen und können den Prozess der sexuellen Selbstfindung Heranwachsender beeinträchtigen.
- *Pauschalierung, Verächtlichmachung oder einseitige Propagierung sexueller Orientierung* (nach Verhaltensweisen, Eigenheiten, sexuellen Vorlieben und Praktiken) können Ausgrenzungstendenzen verstärken und die sexuelle Selbstwahrnehmung Betroffener negativ besetzen.
- *Soziale Diskriminierung*: Werden Gruppen oder Personen nach sozialer Herkunft, Bildungsstand, Einkommen, gesellschaftlichem Status etc. übertrieben positiv oder negativ und pauschal nach ihrem persönlichen Wert, ihrer Entwicklungsmöglichkeit und ihrer Daseinsberechtigung beurteilt, kann die Entwicklung eines freiheitlich demokratischen Gesellschaftsbildes – insbesondere hinsichtlich der individuellen Freiheiten, der Chancengleichheit und der Eigenverantwortung – gestört werden.

- *Ethnische Diskriminierung*: Die pauschale Zuweisung von Charakter- und Persönlichkeitsmerkmalen und Fähigkeiten nach regionaler, nationaler Herkunft oder Hautfarbe können die Kompetenz zu einem diskriminierungsfreien gesellschaftlichen Miteinander, das Erziehungsziel der Völkerverständigung und die Achtung kultureller Vielfalt schädigen. Die soziale Integration und der Integrationswille von Angehörigen, Kindern und Jugendlichen der betroffenen Gruppen kann beeinträchtigt werden.
- *Diskriminierung aufgrund körperlicher Merkmale*: Die Herabwürdigung von Behinderten, von Personen mit auffallenden körperlichen Merkmalen oder von bestimmten Altersgruppen sowie deren Zurschaustellung oder die Qualifizierung körperlicher Eigenschaften zu bestimmenden Persönlichkeitsmerkmalen beeinträchtigen die Erziehung zur Achtung der persönlichen Integrität, der Menschenwürde und zur Toleranz.

Weltanschauliche, religiöse und politische Extremismen

Die Darstellung politisch-weltanschaulicher Totalitarismen oder religiöser Fundamentalismen kann den oben beschriebenen Erziehungszielen entgegenstehen. Das ist vor allem dann der Fall, wenn solche Einstellungen offensiv und mit jugendaffinen Mitteln im Sinne von Gesellschaftsmodellen propagiert werden, die im Widerspruch zur freiheitlich-demokratischen Grundordnung stehen. In Abwägung zur Meinungs- und Informationsfreiheit sind solche Angebote oder Inhalte insbesondere dann als gefährdend oder beeinträchtigend zu betrachten, wenn

- das Gewaltmonopol des Staates negiert wird,
- rechtsstaatliche und demokratische Instrumentarien zur Durchsetzung gesellschaftlicher Interessen als untauglich bewertet werden und
- die religiöse Freiheit oder freie Religionsausübung in Frage gestellt werden.

Gerade im Bereich des politischen Extremismus kann sich eine Eignung zur Beeinträchtigung der Entwicklung zur Gemeinschaftsfähigkeit von Kindern und Jugendlichen aus der Ablehnung der freiheitlich demokratischen Grundordnung und der ihr zugrunde liegenden Werte ergeben. Hierunter fallen z. B. Angebote, die

- die grundsätzliche Freiheit und Gleichheit jedes Individuums verneinen und stattdessen vom Prinzip der Volksgemeinschaft ausgehen, in der der Einzelne nichts und das Volk alles ist,
- in diskriminierender Weise Ausländer für Missstände und Probleme verantwortlich machen,
- das grundgesetzlich festgelegte Mehrparteienprinzip bekämpfen und stattdessen ein Führerprinzip propagieren,
- offen Gewalt als Mittel zur Durchsetzung politischer Ziele bejahen,
- sich an der Ideologie des Nationalsozialismus orientieren oder
- den Wert von Menschen aus deren Rasse oder Abstammung ableiten,
- der Demokratie als Staatsform der Bundesrepublik Deutschland grundsätzlich

ablehnend gegenüberstehen und z. B. die Wiedereinführung des Deutschen Reiches fordern.

Ethische Aspekte

Die Entwicklung zu einer eigenverantwortlichen und gemeinschaftsfähigen Persönlichkeit kann durch Angebote beeinträchtigt werden, die

- die Notwendigkeit von Normen und Konventionen im gesellschaftlichen Miteinander negieren,
- die Überschreitung moralischer Grenzen zum handlungsleitenden Ziel erklären,
- antisoziales Verhalten als Erfolg versprechende Strategie zur Durchsetzung individuellen Erfolges propagieren oder für den Zweck der Unterhaltung und Belustigung instrumentalisieren und
- Erziehungszielen wie z. B. Empathie, Toleranz und Respekt entgegenwirken.

Die sozialethisch desorientierende Wirkung auf Kinder und Jugendliche kann zusätzlich verstärkt werden, wenn jugendaffine Identifikationsmuster angeboten oder antisoziale Verhaltensweisen in interaktiven Szenarien eingeübt werden.

Durch die positive Darstellung von Straftaten oder Straftätern als Identifikationsfiguren kann die Entwicklung des Rechtsempfindens nachhaltig gestört werden.

Die positive oder unreflektierte Darstellung eines rigorosen Individualismus unter Ausklammerung sozialer Verantwortung kann Kinder und Jugendliche im Hinblick auf ihre Entwicklung zu einer gemeinschaftsfähigen Persönlichkeit beeinträchtigen.

3. Fazit

Die Kriterien der KJM erfüllen das Ziel, die Wirkungsrisiken des gesamten Spektrums von Medieninhalten zu beschreiben und zu klassifizieren, die menschendiskriminierende und menschenverachtende Intentionen enthalten. Die Fülle der oben beschriebenen Beurteilungsfaktoren zeigt, wie detailliert und präzise eine Analyse dieser Inhalte sein muss. Schließlich müssen die anhand der Kriterien postulierten Wirkungsrisiken vor Gericht im Rahmen eines rechtsaufsichtlichen Verfahrens Bestand haben.

Sabine Mosler ist in der Niedersächsischen Landesmedienanstalt (NLM) zuständig für Jugendmedienschutz und präventive Online-Projekte. Sie ist zudem Federführerin der KJM-AG „Kriterien“.

Mobbing, Hass und Extremismus. Möglichkeiten und Grenzen des Medienrechts

Kristina Hopf

Was versteht man unter „Mobbing", „Hass" und „Extremismus"? Sieht man sich Beispiele aus der Prüfpraxis der Landesmedienanstalten genauer an, erkennt man die Schwierigkeit einer genauen Begriffsabgrenzung: *„[...] Dir gehört sich die Pfote abgehackt und dann sollte man Dich am Schwanz, an der nächsten Laterne aufhängen"*[1] oder *„Scheinasylanten; Gibt es in diesem Schweinestaat keine einzige Politkreatur mehr, die den Mumm hat zu sagen, das ganze Gesindel wird sofort durch den Kamin entsorgt oder über der Nordsee aus dem Flugzeug geworfen [...]."*[2]

Von entsprechenden Internetinhalten erlangen die Landesmedienanstalten durch Hinweise aus der Bevölkerung oder durch eigene Recherchen Kenntnis. Die Landesmedienanstalten sind für die Telemedienaufsicht im Jugendschutz zuständig. Sie befassen sich in der Prüfpraxis mit unzulässigen Inhalten und prüfen Inhalte auch in Bezug auf eine mögliche Entwicklungsbeeinträchtigung für Kinder und Jugendliche.

I. (Cyber-)Mobbing

1. Begriff

Bei Mobbing denkt man häufig an Schikanen unter Mitarbeitern am Arbeitsplatz oder Minderjährigen in der Schule. Der Duden beschreibt „mobben" als ständiges Schikanieren, Quälen oder Verletzen.[3] Mobbing kommt vom englischen Wort „(to) mob" – über jemanden herfallen oder sich auf jemanden stürzen. Beim Mobbing richtet eine Person bzw. Personengruppe regelmäßig

1 Zitat eines Webseiten-Betreibers über einen Journalisten der Lokalzeitung. Das Zitat bezog sich auf einen Artikel über ein bestehendes Betretungsverbot für das örtliche Schwimmbad.

2 Zitat aus einem Beitrag, der sich abfällig über Flüchtlinge äußert.

3 https://www.duden.de/rechtschreibung/mobben (Stand: 05.11.2018)

über einen längeren Zeitraum eine feindselige Haltung auf eine Einzelperson. Der Täter möchte sich stärker und besser fühlen, indem sich das Opfer bzw. der Betroffene schwach fühlt.[4] Es geht um eine Isolierung des Betroffenen, die meist in Form des Ausgrenzens und Verspottens geschieht. Hierzu werden regelmäßig die Kommunikationswege des Internets genutzt. Die Begründung zum 49. Strafrechtsänderungsgesetz (StrÄndG) vom 21.1.2015 besagt: „Unter Cybermobbing versteht man verschiedene Formen der Diffamierung, Belästigung, Bedrängung oder Nötigung mithilfe elektronischer Kommunikationsmittel insbesondere über das Internet und in Chatrooms." Beleidigungen und Bloßstellungen über Social Media sind dabei an der Tagesordnung.

Mobbing mithilfe des Internets hat gravierende Auswirkungen für die gemobbte Person im digitalen aber auch im realen Leben. Die Gründe für die Wahl des Mobbingopfers sind vielfältig. Es geht nicht zwingend um die Zugehörigkeit zu einer bestimmten Gruppe. Bereits die Wahl der „falschen Kleidung" kann ausreichend sein. In der Regel besteht bei Mobbing eine persönliche Beziehung zwischen Täter und Opfer.

2. Rechtsgrundlagen

Bei Mobbingfällen geht es um den Schutz des Opfers durch die Beendigung des Mobbings. Aber auch die Bestrafung des Täters und ggf. die Entschädigung bzw. Wiedereingliederung des Opfers spielen eine Rolle. Reichen hier schulische oder betriebliche Schutzmöglichkeiten nicht aus, kommen strafrechtliche und ggf. zivilrechtliche Tatbestände aus dem Strafgesetzbuch (StGB) und Bürgerlichen Gesetzbuch (BGB) in Betracht. (Cyber-)Mobbing kann verschiedene Straftatbestände erfüllen, die das im Grundgesetz verankerte allgemeine Persönlichkeitsrecht (Art. 2 Abs. 1 GG i. V.m. Art 1 Abs. 1 GG) betreffen. Mobbing kann unter den Beleidigungstatbestand des § 185 StGB subsumiert werden oder in Form von übler Nachrede nach § 186 StGB strafbar sein. Eine Strafbarkeit nach § 187 StGB ist möglich, wenn Mobbingopfer verleumdet werden. Mit der Erweiterung des Anwendungsbereichs des § 201a Abs. 1 StGB[5] durch das 49. StrÄndG wurden „ansehensschädigende Bildaufnahmen" in den Schutzbereich des Tatbestands der „Verletzung des höchstpersönlichen Lebensbereichs durch Bildaufnahmen" aufgenommen. Hierdurch wollte der Gesetzgeber mit strafrechtlichen Mitteln ein Signal gegen Cybermobbing setzen.[6] Ansehensschädigende Bildaufnahmen zeigen die abgebildete Person in einer peinlichen, ihre Würde verletzenden Situation.[7] Besonders bei anhaltendem Cybermobbing, bei dem der Täter zu drastischen Mitteln greift, können auch die Tatbestände der Nachstellung (§ 238 StGB, vor allem beim Cyberstalking), der Nötigung (§ 240 StGB) oder der Bedrohung (§ 241 StGB) erfüllt sein. Wird gegen eine oder

4 http://www.bpb.de/lernen/grafstat/mobbing/46557/m-02-03-taeter-warum-wird-jemand-zum-mobber (Stand: 05.11.2018)

5 Zum Lehrermobbing vgl. Beck, MMR 2/2018, S. 77 ff.

6 BT-Drs. 18/2601, S. 37

7 Lackner/Kühl, StGB, 29. Aufl., 2018, beck-online, § 201 a Rn. 9 a m. w. N. (Stand: 05.11.2018)

mehrere der genannten Rechtsvorschriften verstoßen, liegt eine Straftat vor, die bei der Polizei oder der Staatsanwaltschaft angezeigt werden kann und entsprechende Sanktionen nach sich zieht.[8]

Anders als das Strafrecht, das den Opferschutz und die Bestrafung des Täters im Blick hat, schützt der Jugendmedienschutz-Staatsvertrag (JMStV) Kinder und Jugendliche (teilweise auch Erwachsene im Rahmen des § 4 Abs. 1 JMStV) vor bzw. bei der Rezeption von unzulässigen und entwicklungsbeeinträchtigenden Inhalten im Internet. Der JMStV umfasst nicht den Schutz der Darsteller in Internet-Angeboten. Eine ausdrückliche Regelung zu Mobbing existiert im JMStV nicht. Im Einzelfall kann ein entwicklungsbeeinträchtigender Inhalt nach § 5 JMStV gegeben sein, den der Anbieter nur unter Beachtung der Vorgaben des § 5 Abs. 3 JMStV (Zeitgrenzen, technische und sonstige Mittel) verbreiten darf.

3. Prüftätigkeit – Möglichkeiten und Grenzen

Lediglich in seltenen Einzelfällen kam es in der Vergangenheit zu Prüfverfahren der Landesmedienanstalten, bei denen es – zumindest am Rande – um (Cyber-)Mobbing ging. Ein Angebot richtete sich an männliche User, die dem Anbieter kompromittierende Nacktaufnahmen ihrer Exfreundinnen bzw. -frauen per E-Mail zusenden sollten, um diese anonym im Netz zu veröffentlichen und sich so an den Frauen zu „rächen". Die KJM erkannte hier eine Entwicklungsbeeinträchtigung von Minderjährigen nach § 5 Abs. 1 JMStV. Von der zuständigen Landesmedienanstalt wurde argumentiert, dass mit dem Angebot Erziehungsziele[9] konterkariert wurden, da das Cybermobbing unreflektiert als positiv dargestellt würde. Dies begründe eine Entwicklungsbeeinträchtigung, da Kindern und Jugendlichen damit vermittelt würde, dass es legitim sei, Bildmaterial dazu zu verwenden, Frauen zu demütigen und die Persönlichkeitsrechte anderer aufs Gröbste zu verletzen. Aufgrund der im Angebot zugesagten Anonymität werde das Internet als rechtsfreier Raum dargestellt, in dem mit keiner Bestrafung zu rechnen sei. Gegen den Bescheid der zuständigen Landesmedienanstalt hat der Anbieter keine Rechtsmittel ergriffen.

Die Grenzen des deutschen Medienrechts bei Fällen von Mobbing können in der Regel an der Zuständigkeit festgemacht werden: Mobbing findet überwiegend über Individualkommunikation statt, wofür die Landesmedienanstalten und die KJM nicht zuständig sind. Zusätzlich findet Cybermobbing meist anonym statt. Die Anonymität ermöglicht es der Aufsicht nicht, den verantwortlichen Inhalteanbieter aufzuspüren.

8 Vgl. Gutknecht, Cyber-Mobbing aus rechtlicher Perspektive, ajs-informationen 2/2012, S. 12 ff.

9 Kriterien für die Aufsicht im Rundfunk und in den Telemedien der Landesmedienanstalten, vgl. www.kjm-online.de (Stand: 05.11.2018)

II. Hass

1. Begriff

Im Duden wird Hass als die heftige Abneigung, das starke Gefühl der Ablehnung und die Feindschaft gegenüber einer Person, Gruppe oder Einrichtung definiert.[10] Während früher hasserfüllte, hetzerische Parolen eher am Stammtisch zu finden waren, verbreiten sich diese nun über das Internet in Social-Media-Angeboten wie YouTube, Facebook und Twitter in Sekundenschnelle, dauerhaft und weltweit. Hass im Netz wird häufig als sog. „Hassrede"[11] oder „Hate Speech" bezeichnet. Damit werden Menschen abgewertet, angegriffen oder gegen sie zu Hass oder Gewalt aufgerufen. „Das fehlende direkte Gegenüber, die Möglichkeit, anonym zu bleiben, und das Wissen kaum zur Rechenschaft gezogen zu werden, tragen weiter zur Enthemmung bei."[12] Der Europäische Gerichtshof für Menschenrecht definiert Hate Speech wie folgt: Sie „setzt nicht notwendigerweise einen Aufruf zu Gewalt oder strafbarem Verhalten voraus. Charakteristisch sind vielmehr diffamierende und diskriminierende Inhalte, die die fundamentale Gleichheit aller Menschen, die Menschenwürde sowie den demokratischen Pluralismus leugnen und auf dieser Grundlage zum Hass anstacheln."[13] Während von Mobbing nahezu jeder betroffen sein kann, richtet sich Hate Speech vorwiegend gegen Personen, weil sie einer bestimmten Gruppe zugeordnet werden. Oft sind es rassistische, antisemitische oder sexistische Kommentare, die Menschen oder Gruppen als Zielscheibe haben.[14] Hass ist dabei die gezielte Herabwürdigung, Beleidigung und Bedrohung einzelner Personen oder Personengruppen, die auch im realen Leben ausgegrenzt werden, etwa wegen ihrer Herkunft, ihrer ethnischen Zugehörigkeit, ihrer sexuellen Orientierung, ihres Geschlechts oder ihres Glaubens.[15] Hate Speech kann aber auch Menschen treffen, die sich für die Rechte dieser Gruppen einsetzen und gegen Menschenfeindlichkeit eintreten.[16] So ist es einem Journalisten und seiner Familie widerfahren, die über Monate öffentlichen Anfeindungen, Beschimpfungen bis hin zu Morddrohungen ausgesetzt waren. Hintergrund war, dass der Journalist als Augenzeuge über den Lkw-Terroranschlag in Nizza und den Amoklauf in München berichtete. Einige Personen stellten im Netz Mutmaßungen auf, dass er absichtlich vor Ort gewesen sei, da er als Teil einer Organisation

10 https://www.duden.de/rechtschreibung/Hass (Stand: 05.11.2018)

11 Zu Hassrede vgl. Hajok/Selg, JMS-Report 4/2018, 2, S. 3 ff.

12 Lfm/klicksafe/AjS, Hate Speech – Hass im Netz, 2016, S. 4, mit Beispielen zu Hate Speech

13 Mensching, in: Karpenstein/Mayer/Mensching, Konvention zum Schutz der Menschenrechte und Grundfreiheiten, EMRK, 2. Aufl., 2015, Art. 10 Rn. 78

14 bpb, Was ist Hate Speech, 12.07.2017, abrufbar unter: http://www.bpb.de/252396/was-ist-hate-speech (Stand 05.11.2018)

15 MA HSH, Magazin für Medienerziehung, abrufbar unter: https://www.scout-magazin.de/glossar/begriff/hate-speech.html (Stand: 05.11.2018)

16 Lfm/klicksafe/AjS, Hate Speech – Hass im Netz, 2016, S. 4

die Terrorakte inszeniere.[17] Während Mobbing sich meist über einen längeren Zeitraum gezielt gegen eine bestimmte Person richtet, die man kennt, um diese zu schädigen, geht Hass regelmäßig über die bloße Ablehnung, Verachtung und Diffamierung einer konkreten Person hinaus. Laut Bundesgerichtshof (BGH)[18] muss bei Hassbotschaften vielmehr eine feindselige Haltung gegen den betreffenden Bevölkerungsteil vorliegen.

2. Rechtsgrundlagen

Die unter dem Begriff „Hate Speech" zusammengefassten Äußerungen und Handlungen im Netz können Straftatbestände erfüllen. In Betracht kommen beispielsweise: Volksverhetzung (§ 130 StGB), Beleidigung (§ 185 StGB), Verleumdung (§ 186 StGB), Nötigung (§ 240 StGB), Bedrohung (§ 241 StGB) und Öffentliche Aufforderung zu Straftaten (§ 111 StGB). Bei der Prüfung von Hass-Tatbeständen muss immer auch die Meinungsfreiheit des Art. 5 Abs. 1 Satz 1 GG mitgedacht werden: „Jeder hat das Recht, seine Meinung in Wort, Schrift und Bild frei zu äußern und zu verbreiten und sich aus allgemein zugänglichen Quellen ungehindert zu unterrichten." Das Grundrecht der Meinungsfreiheit wird nicht uneingeschränkt gewährt. Schranken können z. B. der Jugendschutz oder Grundrechte anderer wie die Menschenwürde sein.

Das Netzwerkdurchsetzungsgesetz[19] (NetzDG) beabsichtigt, Betreiber bei der Bekämpfung strafrechtlich relevanter Hasskommentare effektiver in die Pflicht zu nehmen, rechtswidrige Inhalte zu entfernen. Rechtswidrige Inhalte nach § 1 Abs. 3 NetzDG sind Inhalte, die den Tatbestand der §§ 86, 86a, 89a, 91, 100a, 111, 126, 129 bis 129b, 130, 131, 140, 166, 184b in Verbindung mit 184d, 185 bis 187, 201a, 241 oder 269 des StGB erfüllen und nicht gerechtfertigt sind. Betroffen von den Regelungen des NetzDG sind Anbieter sozialer Netzwerke nach § 1 Abs. 1 NetzDG, wenn das soziale Netzwerk im Inland mehr als zwei Millionen registrierte Nutzer hat. Darunter fallen Plattformen im Internet, die dazu bestimmt sind, dass Nutzer beliebige Inhalte mit anderen Nutzern teilen oder der Öffentlichkeit zugänglich machen. Nach § 3 Abs. 2 Nr. 3 NetzDG muss der Anbieter strafbare Hassrede unverzüglich nach Eingang einer Beschwerde entfernen oder den Zugang zu dieser sperren. Das NetzDG eröffnet Nutzern eine Beschwerdemöglichkeit für strafbare Inhalte. Das Bundesamt für Justiz hat die Möglichkeit, bei systematischem Versagen im Beschwerdemanagement Bußgelder zu verhängen Das NetzDG sieht zudem mit § 5 eine Zustellerleichterung vor, wonach Anbieter sozialer Netzwerke im Inland einen Zustellungsbevollmächtigten benennen müssen.

Der Jugendmedienschutz-Staatsvertrag regelt in § 4 Abs. 1 Satz 1 Nr. 3, dass Rundfunk-

17 Gutjahr, Blog-Beitrag vom 11.01.2018, abrufbar unter: http://www.gutjahr.biz/2018/01/hatespeech/ (Stand: 05.11.2018)

18 BGH, NJW 1994, S. 1421

19 Zum NetzDG vgl. Schmitz/Robinson, DSRITB 2017, 289 ff. und Heidrich/Schluck, DSRITB 2017, 305 ff.; Müller-Franken, AfP 2018, S. 1 ff.; Liesching, MMR 2018, S. 26 ff.

und Internet-Angebote „unzulässig sind, wenn sie zum Hass gegen Teile der Bevölkerung oder gegen eine nationale, rassische, religiöse oder durch ihr Volkstum bestimmte Gruppe aufstacheln, zu Gewalt- und Willkürmaßnahmen gegen sie auffordern oder die Menschwürde anderer dadurch angreifen, dass Teile der Bevölkerung oder einer vorbezeichneten Gruppe beschimpft, böswillig verächtlich gemacht oder verleumdet werden". Der JMStV verweist nicht ausdrücklich auf den Straftatbestand des § 130 StGB (Volksverhetzung). Der materielle Gehalt der Vorschrift wird aber entsprechend herangezogen[20]. Aufstachelung zum Hass bedeutet, zielgerichtet und nachhaltig auf die Sinne und Gefühle anderer einzuwirken, um eine über die bloße Ablehnung oder Verachtung hinausgehende Feindschaft oder feindselige Haltung gegen Teile der Bevölkerung bzw. wegen der Zugehörigkeit zu diesem Bevölkerungsteil oder dieser Gruppe zu erzeugen oder zu steigern.[21] Als Teile der Bevölkerung sind mehrere Personen anzusehen, wenn sie sich durch innere oder äußere Merkmale (z. B. Rasse, Volkszugehörigkeit, Religion, Beruf) als eine von der übrigen Bevölkerung unterscheidbare Gruppe darstellen. Ein Angriff auf die Menschenwürde anderer durch Beschimpfen, böswilliges Verächtlichmachen oder Verleumden ist gegeben, wenn der Angriff den Menschen im Kern seiner Persönlichkeit trifft, indem er ihn unter Missachtung des Gleichheitssatzes als unterwertig darstellt und ihm das Lebensrecht in der Gemeinschaft abstreitet. Das ist z. B. bei Äußerungen, man sollte „Ausländer wie Juden vergasen" oder einer Gleichsetzung von Ausländern mit Tieren der Fall.

Wenn ein Social-Media-Angebot mit Gewinnerzielungsabsicht und einer Reichweite von zwei Millionen registrierten Nutzern in Deutschland Telemedien-Anbieter volksverhetzender Inhalte ist, besteht eine Kongruenz zwischen JMStV, NetzDG und StGB. Die Zielrichtung der Gesetze ist unterschiedlich: Das NetzDG ermöglicht strafrechtswidrige Inhalte schnell aus dem Netz zu entfernen. Dem StGB geht es primär um eine Bestrafung des Täters. Dem JMStV geht es zwar auch darum, die Inhalte aus dem Netz zu entfernen und den Anbieter im Verwaltungs- und im Ordnungswidrigkeitenverfahren zur Verantwortung zu ziehen. Letztlich geht es aber vor allem um einen einheitlichen Schutz von Kindern und Jugendlichen vor Angeboten, die deren Entwicklung beeinträchtigen oder gefährden können. Bei Angeboten, die sich unterhalb der Unzulässigkeitsschwelle befinden, wird eine Entwicklungsbeeinträchtigung der Inhalte für Kinder und Jugendliche gem. § 5 Abs. 1 JMStV geprüft. Abwertende und ausgrenzende Einstellungen gegenüber Menschen aufgrund ihrer zugewiesenen Zugehörigkeit zu einer sozialen Gruppe werden auch als gruppenbezogene Menschenfeindlichkeit bezeichnet.

20 Erdemir, in: Bornemann/Erdemir, JMStV, 2017, § 4 Rn. 23

21 Erdemir, in: Bornemann/Erdemir, JMStV, 2017, § 4 Rn. 23 m. w. N. Vgl. auch die Kriterien für die Aufsicht im Rundfunk und in den Telemedien der KJM, Stand: 02.10.2018, S. 44, abrufbar unter: www.kjm-online.de (Stand: 05.11.2018)

3. Prüftätigkeit – Möglichkeiten und Grenzen

Mit Hasskommentaren werden die Landesmedienanstalten in der Prüfpraxis häufig bei rechtsextremistischen Angeboten konfrontiert. Bei extremistischen Angeboten prüfen die Landesmedienanstalten in der Regel § 4 Abs. I Satz 1 Nr. 3 (Volksverhetzung). Beschwerden zu Hasskommentaren ohne rechtsextremistischen oder fremdenfeindlichen Hintergrund erreichen die Landesmedienanstalten in der Prüfpraxis dagegen seltener. Mit dem ersten Zitat von Seite eins, „[...] Dir gehört sich die Pfote abgehackt und dann sollte man Dich am Schwanz, an der nächsten Laterne aufhängen“, droht ein Webseiten-Betreiber einem Journalisten der Lokalzeitung körperliche Gewalt an. Unter diese Drohung hat der Betreiber auch noch ein Video eingestellt, welches das Aufhängen eines Menschen und das Einschlagen auf seinen Körper zeigen. In diesem Fall wurde bzgl. der Hassrede der Tatbestand des § 4 Abs. 1 Satz 1 Nr. 5 JMStV (Gewaltdarstellungen, § 131 StGB) geprüft und als Verstoß festgestellt. Angebote sind absolut unzulässig, „wenn sie grausame oder sonst unmenschliche Gewalttätigkeiten gegen Menschen in einer Art schildern, die eine Verherrlichung oder Verharmlosung solcher Gewalttätigkeiten ausdrückt oder die das Grausame oder Unmenschliche des Vorgangs in einer die Menschenwürde verletzenden Weise darstellt.“

Telemedien-Fälle, bei denen ein Verdacht auf einen Strafrechtsverstoß besteht, müssen von der zuständigen Landesmedienanstalt an die zuständige Staatsanwaltschaft abgegeben werden (§§ 41 Abs. 1 i. V. m. 21 Abs. 1 OWiG). Während bei den Tatbeständen der §§ 4 und 5 JMStV auch eine fahrlässige Begehung der Verbotsnormen möglich ist, führt bei den §§ 86, 126, 130 f., 186 f. StGB nur eine vorsätzliche Tatbegehung zur Strafbarkeit. Für die Landesmedienanstalt besteht unabhängig vom Ordnungswidrigkeitenverfahren die zusätzliche Möglichkeit im Verwaltungsverfahren die betreffenden Angebote zu beanstanden und ggf. zu untersagen. Teilweise ist es für die Landesmedienanstalten aber bereits aufgrund der Anonymität des Internets unmöglich, den Content-Anbieter der Hate Speech ausfindig zu machen. Der Plattformbetreiber, der nach § 10 TMG ab In-Kenntnis-Setzung verantwortlich ist, hat häufig seinen Sitz im Ausland. Die Landesmedienanstalten sind aber nur für deutsche Anbieter zuständig. Für europäische Anbieter können Ausnahmen vom Herkunftslandprinzip nur in besonderen Fällen greifen. Für außereuropäische Anbieter sind komplizierte Verfahren zu durchlaufen, die äußerst zeitaufwendig und vor allem wenig erfolgversprechend sind. Bei ausländischen Anbietern besteht aber die Möglichkeit, eine Indizierung des Angebotes durch den KJM-Vorsitzenden bei der Bundesprüfstelle für jugendgefährdende Medien (BPjM) zu beantragen. Auch zwischen dem JMStV und dem NetzDG gibt es Überschneidungen. Bei Einschlägigkeit des NetzDG besteht für die Landesmedienanstalten die Möglichkeit, strafbare, ausländische Inhalte dem Anbieter des Netzwerkes und bei Nichtabhilfe dem Bundesamt für Justiz zu melden. Sinnvoll wäre es, wenn die Landesmedienanstalten nicht das gleiche Verfahren zu durchlaufen hätten wie jeder andere Bürger, da die Landesmedienanstalten bzw. die KJM bereits eine sachverständige Prüfung vorgenommen haben. Wünschenswert wäre es aus Sicht der Landesmedienanstalten, wenn sie den nach dem NetzDG genannten Zustellungsbeauftragten auch für Zustellungen im Verfahren nach dem JMStV nutzen könnten.

III. Extremismus

1. Begriff

Die Ausprägungen des Extremismus sind vielfältig: u. a. Rechtsextremismus, Reichsbürger, Selbstverwalter, Linksextremismus, religiös motivierter Extremismus wie Islamismus und islamistischer Terrorismus.[22] Diesen Organisationen, Gruppierungen oder Einzelpersonen sind verfassungsfeindliche Bestrebungen gemein. Die Landesmedienanstalten haben mit Rechtsextremismus bei zum Rassenhass anreizenden Inhalten (Antisemitismus, Fremdenfeindlichkeit), bei NS-verharmlosenden oder verherrlichenden Angeboten (Verwendung von NS-Symbolen, Glorifizierung von NS-Führungspersonen, Infragestellen des Holocaust), bei gewaltanreizenden (gegenüber Migrant/-innen sowie Linksextremen) und diskriminierenden (homosexuellenfeindlichen) Angeboten zu tun. Laut Verfassungsschutzbericht Bayern aus dem Jahr 2017 sind für rechtsextremistische Strömungen kennzeichnend „die übersteigerte Betonung der Nation sowie ein autoritäres Denken, das die ‚Volksgemeinschaft' über das Individuum stellt. Gemeinsames Ziel ist die Abschaffung zentraler Werte unserer freiheitlich demokratischen Grundordnung, beispielsweise das Recht auf Wahlen. Darüber hinaus richten sich rechtsextremistische Bestrebungen gegen die universelle Geltung der Menschenrechte und die im Grundgesetz verankerte Gleichheit der Menschen vor dem Gesetz."[23] Linksextremismus ist u. a. bei gewaltanreizenden Äußerungen gegenüber Angehörigen der Polizei und gegenüber Rechtsextremen anzunehmen. Religiös motivierter Extremismus kann z. B. gewaltanreizend (Aufruf zum gewaltsamen Dschihad), verrohend (z. B. Folter- und IS-Enthauptungsvideos) oder diskriminierend (Homosexuellenfeindlichkeit und Frauendiskriminierung) sein.[24]

2. Rechtsgrundlagen

Das Strafgesetzbuch hält Verbotsnormen bereit für Fälle von Extremismus, die das Verbreiten von Propagandamitteln und die Verwendung von Kennzeichen verfassungswidriger Organisationen gem. §§ 86, 86a StGB oder die Volksverhetzung gem. § 130 StGB unter Strafe stellen. Häufig sind auch die Normen der Beleidigungsdelikte der §§ 185 ff. StGB erfüllt. Alle Straftatbestände zum Hass und Extremismus sind auch

22 Verfassungsschutzbericht Bayern 2017, S. 19 und Bundesamt für Verfassungsschutz, https://www.verfassungsschutz.de/de/arbeitsfelder (Stand: 05.11.2018)

23 Verfassungsschutzbericht Bayern 2017, S. 93

24 BPjM, Gegen Hass, Hetze und Gewalt, 2016, abrufbar unter www.bundespruefstelle.de (Stand: 05.11.2018)

rechtswidrige Delikte nach dem NetzDG. Laut Begründung des Gesetzesentwurfs sind die Ziele des NetzDG die Bekämpfung von Hasskriminalität und anderer strafbarer Inhalte im Netz. Angebote, die Inhalte nach den §§ 86, 86 a und 130 StGB enthalten, sind nach § 4 Abs. 1 Satz 1 auch im Jugendmedienschutz-Staatsvertrag unzulässig, sodass diese nicht über Internetangebote verbreitet oder zugänglich gemacht werden dürfen. Sollte bei extremistischen Inhalten § 4 JMStV gerade noch nicht einschlägig sein, kann es sich um entwicklungsbeeinträchtigende Inhalte handeln. Im Bereich des politischen Extremismus kann sich eine Eignung zur Beeinträchtigung der Entwicklung der Gemeinschaftsfähigkeit von Kindern und Jugendlichen aus der Ablehnung der freiheitlichen demokratischen Grundordnung und der ihr zugrunde liegenden Werte ergeben. Die absolut unzulässigen Angebote nach § 4 Abs. 1 Satz 1 Nr. 1–6 und 10 JMStV greifen entsprechende Verbotsnormen des StGB auf. So entspricht § 4 Abs. 1 Satz 1 Nr. 6 JMStV den Regelungsinhalten der §§ 126, 130 a StGB und § 4 Abs. 1 Satz 1 Nr. 3 JMStV dem materiellen Tatbestand des § 130 StGB. Im Einzelfall kommen auch § 4 Abs. I Satz 1 Nr. 2 (Kennzeichen verfassungswidriger Organisationen), Nr. 4 (Holocaustleugnung), Nr. 5 (Gewaltdarstellungen), Nr. 7 (Kriegsverherrlichung) und Nr. 8 (Menschenwürde) JMStV in Betracht.

Jugendgefährdende Telemedien können auf Antrag (z. B. der KJM) durch die BPjM indiziert und in die Liste der jugendgefährdenden Medien aufgenommen werden. § 24 Abs. 5 Jugendschutzgesetz (JuSchG) bestimmt für indizierte Angebote deren Filterung durch nutzerautonome Filterprogramme. Das BPjM-Modul ist eine aufbereitete Datei zur Filterung derjenigen indizierten Internetseiten, deren Anbieter ihren Firmensitz im Ausland haben. Nach § 18 Abs. 3 JuSchG darf ein Medium nicht allein wegen seines politischen, sozialen, religiösen oder weltanschaulichen Inhalts in die Liste der jugendgefährdenden Medien aufgenommen werden. „Rechtsradikalismus“ ist beispielsweise kein Indizierungsgrund. Indiziert werden nicht politische Ausrichtungen, sondern jugendgefährdende Inhalte nach § 18 Abs. 1 JuSchG (Ausnahme: Propagierung der nationalsozialistischen Ideologie). Schwer jugendgefährdende Medien gelten schon nach dem Gesetz als indiziert und unterliegen den gleichen Abgabe- und Werbebeschränkungen wie indizierte Medien, ohne dass es einer Aufnahme in die Liste der jugendgefährdenden Medien bedarf. Als schwer jugendgefährdend gelten u. a. solche Medien, die den Tatbestand einer in § 15 Abs. 2 Nr. 1 JuSchG genannten Norm des Strafgesetzbuches (§ 130 StGB, § 131 StGB, § 86 StGB) sowie die Anleitung zu Straftaten (§ 130 a StGB) erfüllen. Wer Bücher oder Internetseiten verbreitet, die zum Hass gegen Bevölkerungsteile (z. B. Angehörige des jüdischen Glaubens oder Menschen ausländischer Herkunft) aufstacheln, kann sich wegen der Verbreitung einer volksverhetzenden Schrift strafbar machen. Das Gleiche gilt für Medien, die den Holocaust leugnen oder die nationalsozialistische Gewalt- und Willkürherrschaft billigen, verherrlichen oder rechtfertigen. Enthauptungs- und Foltervideos erfüllen regelmäßig die Tatbestandsmerkmale der Gewaltdarstellung gemäß § 131 StGB, da grausame Gewalttätigkeiten gegen Menschen in einer die Menschenwürde verletzenden Art und Weise dargestellt werden. Auch nach dem JuSchG ist in jedem Einzelfall eine Abwägung des Grundrechts der Meinungsfreiheit mit dem Jugendschutz vorzunehmen.

3. Prüftätigkeit – Möglichkeiten und Grenzen

Die Landesmedienanstalten haben bislang vorwiegend mit Beschwerden zu rechtsextremistisch geprägten Angeboten zu tun. In der Prüfpraxis der Landesmedienanstalten dominieren volkverhetzende und extremistisch motivierte Äußerungen gegen Ausländer und Flüchtlinge. Hate Speech tritt meist in Kombination mit Extremismus auf. Eine scharfe Trennung zwischen Hass und Extremismus ist in der Praxis oftmals schwierig, aber nach dem JMStV auch nicht zwingend nötig. Insgesamt ist ein Anstieg an rechtsextremistischen Inhalten wie Aufstachelung zum Hass und entwicklungsbeeinträchtigenden Inhalten festzustellen. Auch in Form von Nutzerkommentaren z. B. in sozialen Netzwerken, Foren oder Kommentarspalten nehmen extremistische Äußerungen stark zu.[25] Dies führt zu einem verstärkten Prüfaufkommen im Telemedienbereich bei der Medienaufsicht.[26] Die Prüfung und Aufsicht im Internet sowie die Abgrenzung zwischen unzulässigen (§ 4 JMStV) und entwicklungsbeeinträchtigenden (§ 5 JMStV) Inhalten ist in der Prüfpraxis aufwendig und schwierig, da die Angebote oft sehr textlastig sind und verschiedene Aspekte bei der Bewertung berücksichtigt werden müssen. So fließen der genaue Wortlaut bestimmter Textpassagen, die Fülle der entsprechenden Inhalte, die Einbettung von Bildern und Videos und der Gesamtkontext des Angebots in die Bewertung mit ein. Zugleich hat eine Abwägung zwischen dem Jugendschutz und der Meinungsfreiheit stattzufinden. Telemedien-Fälle müssen wiederholt gesichtet und auch zu Dokumentationszwecken gerichtsfest aufgezeichnet werden. Gerade textlastige Angebote wie Blogs ändern in kurzen Abständen die Angebotsinhalte und machen die Aufsichtstätigkeit sehr zeitaufwendig.

Häufig vorkommende Verstöße in der Prüfpraxis der Landesmedienanstalten sind das Verwenden von Kennzeichen verfassungsfeindlicher Organisationen, § 4 Abs. 1 Satz 1 Nr. 2 JMStV (z. B. Hakenkreuze in Facebook Angeboten), oder das Aufstacheln zum Hass gegen eine nationale, rassische, religiöse oder durch das Volkstum bestimmte Gruppe (§ 4 Abs. 1 Satz 1 Nr. 3 JMStV). Absolut unzulässige Inhalte im Bereich des Extremismus treten auch bei Kommentaren, Einträgen, Webseiten und indizierten Büchern auf, die z. B. den Holocaust leugnen. Bei Hassbeiträgen auf Facebook-Angeboten von rechtsextremistischen Organisationen oder Personen handelt es sich häufig um absolut unzulässige Inhalte gem. § 4 Abs. 1 Satz 1 Nr. 3 JMStV (Volksverhetzung). Im zweiten Zitat auf Seite eins werden Flüchtlinge

25 Hajok, BPjM-Aktuell 1/2017, S. 8 ff.
26 Hopf/Braml, ZUM 2018, S. 4

als „Gesindel" bezeichnet. Gegen Flüchtlinge wird als Teil der Bevölkerung gem. § 4 Abs. 1 Satz 1 Nr. 3 JMStV zu Gewalt- und Willkürmaßnahmen („durch den Kamin entsorgen" und „aus dem Flugzeug geworfen") aufgefordert. Die Landesmedienanstalten bzw. die KJM haben bei diesem Angebot einen Verstoß gegen § 4 Abs. 1 Satz 1 Nr. 3 JMStV festgestellt.

Wie bereits ausgeführt, zeigen sich die Grenzen des Medienrechts vor allem bei Fällen mit Auslandsbezug: Bei unzulässigen oder entwicklungsbeeinträchtigenden extremistischen Beiträgen auf ausländischen Plattformen muss nach der gestuften Verantwortlichkeit der §§ 7 ff. TMG zunächst gegen den Contentanbieter, der die Inhalte ins Netz gestellt hat, vorgegangen werden. Sollte dieser nicht ausfindig gemacht werden können oder ein Vorgehen gegen diesen mangels zustellfähiger Adresse erfolglos sein, kann gegen den Plattformbetreiber vorgegangen werden, sobald dieser in Kenntnis gesetzt wurde (§ 10 TMG). Dieses Notice-and-Take-Down-Verfahren ist aber nicht umfassend und nachhaltig, da die Fülle an bedenklichen Inhalten damit nicht beseitigt werden kann, sondern immer nur wenige Einzelfälle. Bei ausländischen Anbietern kommt – wie oben geschildert – das Medienrecht bzgl. der fehlenden Zuständigkeit der Landesmedienanstalten und der erschwerten Vollstreckbarkeit von Maßnahmen an seine Grenzen. Den Landesmedienanstalten bleibt bei ausländischen extremistischen Angeboten und Hassinhalten in der Regel nur die Möglichkeit, eine Indizierung des Angebots zu erreichen, oder konkrete Inhalte – meist in Kommentaren – nach dem NetzDG dem Anbieter zu melden und auf Löschung des Beitrags zu insistieren.

IV. Fazit: Perspektiven und Regelungsbedarf

Bei ausländischen Internetangeboten, die gerade bei Kindern und Jugendlichen besonders beliebt sind[27], stößt der Jugendschutz in Deutschland an seine Grenzen. Damit das Internet kein rechtsfreier Raum ist, sollte der Gesetzgeber reagieren. Im Rahmen der internationalen Zusammenarbeit besteht großer Handlungs- und Regelungsbedarf. Wünschenswert wären insbesondere:

- klare Zuständigkeitsregeln für ausländische Telemedienanbieter ohne Sitz in Deutschland, die ihr Angebot auch an deutsche Nutzer richten;
- leichtere Durchsetzbarkeit bzw. Vollstreckbarkeit von Maßnahmen der Landesmedienanstalten im Ausland durch internationale Regelungen zum Jugendschutz;
- Verpflichtung von ausländischen Social-Media-Anbietern nach dem JMStV einen inländischen Zustellungsbevollmächtigten[28] anzugeben (wie § 5 Abs. 1 NetzDG);

27 MPFS, JIM- und KIM-Studie 2017, abrufbar unter: www.mpfs.de (Stand: 05.11.2018)
28 Ähnlich in § 53c Abs. 3 RStV-E angedacht.

- gesonderte Behandlung von Beschwerden der Landesmedienanstalten bzw. der KJM nach dem NetzDG sowie bindende Wirkung der Beschwerden für den Anbieter;
- Stärkung der regulierten Selbstregulierung bei ausländischen Anbietern;
- Verpflichtung für alle Plattformen mit Suchfunktion, indizierte Angebote (mittels BPjM-Modul) zu filtern/zu blockieren.

Dr. Kristina Hopf ist Rechtsanwältin und Referatsleiterin für Grundsatzfragen Jugend- und Nutzerschutz im Bereich Medienkompetenz und Jugendschutz der Bayerischen Landeszentrale für neue Medien (BLM).

Interview mit Cornelia Holsten und Hubertus Gersdorf

Drei Fragen zum Netzwerkdurchsetzungsgesetz an …

… Cornelia Holsten

Frau Holsten, haben Sie sich gefreut oder gefürchtet, als das NetzDG verabschiedet wurde?

Ehrlich gesagt: weder noch. Der Moment des Inkrafttretens war eher von neutraler Kenntnisnahme geprägt, weniger von Emotionen. Das Ziel des Gesetzes, rechtswidrige Inhalte im Netz zu bekämpfen, war und ist richtig und wichtig. Andererseits stand der Gesetzgebungsprozess ja sehr in der Kritik, u. a. weil weder die Länder noch die Landesmedienanstalten wirklich eingebunden waren. Und einen groben handwerklichen Fehler gibt es zum Beispiel bei der Besetzung der NetzDG-Prüfausschüsse. Hier hätte es heißen müssen, dass die NetzDG-Prüfausschüsse unter *Anerkennung* der Landesmedienanstalten besetzt werden, nicht wie im jetzigen Wortlaut „unter *Einbeziehung*". Dieser Fehler ist symptomatisch für das von vielen kritisierte Gesetzgebungsverfahren: Das Justizministerium hatte die Landesmedienanstalten einfach überhaupt nicht „auf dem Zettel" und es bestand hoher Zeitdruck, weil das Gesetz noch vor den Bundestagswahlen verabschiedet werden sollte. Absolut nachvollziehbar, dass dann leicht Fehler passieren.

Das NetzDG setzt durch seine Struktur theoretisch Anreize für ein Overblocking, also dem übermäßigen Sperren von nicht rechtswidrigen Inhalten. Die sozialen Netzwerke werden gezwungen, bei der Prüfung von Inhalten Geschwindigkeit vor Sorgfalt zu stellen.

Letztlich wird mit dem NetzDG die Rechtsdurchsetzung in sozialen Netzwerken privatisiert. Unternehmen müssen Entscheidungen im grundrechtsrelevanten Bereich der Meinungs- und Äußerungsfreiheit treffen, Gericht und Behörde gleichzeitig spielen. Und das, obwohl die Medienaufsicht der Länder bereits heute nach JMStV zuständig für verschiedene Rechtsverstöße ist, die auch im NetzDG abgedeckt sind. Die Landesmedienanstalten sind als Aufsicht auch auf sozialen Netzwerken aktiv, die Kommission für Jugendmedienschutz (KJM) hat jahrelange Erfahrung im Bereich Hate Speech und kooperiert mit den Staatsanwaltschaften. Diese Struktur wurde beim NetzDG leider weitestgehend ignoriert, das haben wir Landesmedienanstalten sehr bedauert. Unsere

Erfahrungen und unser Wissen, das zur Verfahrensbeschleunigung und Effizienzsteigerung dient, wäre um ein Haar übersehen worden – wenn wir nicht proaktiv auf das Bundesamt für Justiz zugegangen wären.

Beim Bundesamt für Justiz ist man sich der großen Verantwortung durchaus bewusst. Man darf aber nicht vergessen, dass es sich um eine „Bundesoberbehörde im Geschäftsbereich des Bundesministeriums der Justiz und für Verbraucherschutz" handelt. Die Staatsferne ist im Bereich der Meinungs- und Pressefreiheit ein zentrales Prinzip in der Bundesrepublik, darum sind die Landesmedienanstalten ja auch staatsfern organisiert. Dass die Kontrolle über die Durchsetzung und Einhaltung des NetzDG gleichwohl beim Bundesamt für Justiz gelandet ist, hat ja auch für einen ganz schönen Wirbel gesorgt.

Die Online-Welt ist durch das NetzDG nicht untergegangen. Sie ist aber auch nicht über Nacht besser geworden.

Wenn das NetzDG ein Hotel wäre, wie viele Sterne würden Sie ihm geben – und warum?

Ich würde dem NetzDG gut gemeinte zwei Sterne geben. Neben den oben erwähnten grundsätzlichen Mängeln sehe ich auch in der Praxis noch deutlichen Verbesserungsbedarf. Was passiert eigentlich mit Beiträgen, die das Bundesamt für Justiz für rechtswidrig hält und die nicht von einem Netzwerk gelöscht wurden? Das Bundesamt ist nicht befugt, die Löschung anzuordnen. Dieser wichtige Punkt wurde schlichtweg übersehen und nicht geregelt. Und das obwohl der Bund von circa 25.000 Nutzerbeschwerden ausgegangen ist – statt der 598, die in den ersten acht Monaten tatsächlich eingegangen sind. Hier arbeitet die Kommission für Jugendschutz gerade mit dem Bundesamt für Justiz an einer Lösung und ich hoffe, dass sich dieser Punkt bald klären lässt.

Genauso problematisch sind die teilweise verwendeten unbestimmten Rechtsbegriffe im Gesetzestext. Die Unterscheidung zwischen „rechtswidrig" und „offensichtlich rechtswidrig" ist sowohl zentral für die Löschfristen als auch mit Blick auf die Etablierung einer Selbstkontrolleinrichtung nach dem NetzDG. Niemandem ist klar, was „offensichtlich rechtswidrig" genau bedeutet. Soll „offensichtlich rechtswidrig" eine Steigerung zu „rechtswidrig" darstellen, bei der einfach jede Person auf den ersten Blick und ohne Nachzudenken die Rechtswidrigkeit erkennt? Das würde bedeuten, dass Rechtswidrigkeit an sich erst nach längerem Grübeln erkennbar wäre, was natürlich in dieser Pauschalität Unsinn ist. Aber daran erkennt man, wie teilweise unbedacht einige Begrifflichkeiten gewählt wurden.

Aber auch die positiven Punkte des NetzDG möchte ich hervorheben: Die halbjährliche Berichtspflicht verschafft einen Überblick über das Beschwerdemanagement und die Umsetzung des NetzDG. Wobei auch nach den ersten Berichten der Unternehmen das Problem bleibt, dass man immer noch nicht weiß, ob die Beiträge zu Recht oder zu Unrecht gelöscht wurden. Die zentrale Sorge vor Overblocking bleibt also bestehen. Ein anderer Punkt, der oft positiv erwähnt wird: Der inländische Zustellungsbevollmächtige ist eine sehr gute Idee. Aber, was wirklich wichtig ist: Er darf nicht nur in Belangen des NetzDG in Anspruch genommen werden können, wenn diese Regelung kein stumpfes Schwert sein soll.

Um bei der Hotelbewertung zu bleiben: Das NetzDG genügt aktuell noch nicht den gehobenen Ansprüchen der Landesmedienanstalten in einem solch wichtigen Feld.

Wenn Sie drei Wünsche frei hätten im Zusammenhang mit dem NetzDG, welche wären das?

Ich wünsche mir den Mut des Bundesjustizministeriums, das Gesetz zu verbessern. Es wurde nach den ersten Berichten der Betreiber angekündigt, dass mit der Evaluierung bis zur in der Gesetzesbegründung erwähnten Frist im Jahr 2020 gewartet werden soll. Aus meiner persönlichen Sicht wäre es deutlich besser, die Fehler des Gesetzes schneller zu beheben, denn das Ziel, rechtswidrige Inhalte im Netz zu bekämpfen, wird täglich relevanter.

Außerdem wünsche ich mir, dass an den Schnittstellen des NetzDG zu den Tätigkeiten der Landesmedienanstalten und der KJM nachgebessert wird. Im Sinne des ausgefeilten Jugendmedienschutzsystems in Deutschland müsste gerade mit Blick auf eine Einrichtung der regulierten Selbstregulierung etwas getan werden. Es muss eine Rechtssicherheit für Anbieter bestehen, sonst läuft das System ins Leere. Die Zusammenarbeit zwischen KJM und Bundesamt für Justiz sollte zudem auf eine gesetzlich institutionalisierte Basis gestellt werden. Auch sollte die Expertise der KJM bei der Festlegung von Kriterien für die Beurteilung von Verstößen sowie bei der möglichen Anerkennung einer Selbstkontrolleinrichtung einbezogen werden. So könnte in der Praxis wenigstens ein Mindestmaß an einheitlichen Standards geschaffen werden.

Mein letzter Wunsch: Das NetzDG darf aufgrund seiner Fehler nicht den Blick auf die dahinterstehende Problematik verstellen. Hass im Netz ist ein wichtiges Thema, das wir als Gesellschaft angehen müssen. Das NetzDG adressiert aber nur die eine Seite. Wenn Äußerungsdelikte wie beispielsweise Volksverhetzung im Netz begangen werden, ist zuerst derjenige verantwortlich, der den Verstoß begangen hat. Also der einzelne User beziehungsweise die Organisation, in dessen Namen dies geschehen ist. Der originäre Verursacher sollte demnach auch adressiert werden. Sei es durch ein Strafverfahren, ein Bußgeld, eine Untersagung oder eine Beanstandung. Die Medienanstalten stehen für diesen Weg – in Kooperation mit den Staatsanwaltschaften. Nur so können wir erreichen, dass das Unrechtsbewusstsein steigt und eine Präventionswirkung erreicht wird. Denn das anonyme, kommentarlose Löschen von Beiträgen wird bei niemandem für die Einsicht sorgen, etwas Falsches getan zu haben. Ohne diese Einsicht sowie gegebenenfalls regulatorische Maßnahmen wird sich das Problem Hassrede im Internet nicht lösen lassen. Und die Lösung von Problemen sollte auch zukünftig bei der Gestaltung des Kommunikationsraums im Netz im Mittelpunkt stehen.

… Hubertus Gersdorf

Herr Prof. Dr. Gersdorf, haben Sie sich gefreut oder gefürchtet, als das NetzDG verabschiedet wurde?

Die Wahrung der allgemeinen Gesetze, insbesondere der Schutz von Persönlichkeitsrechten im Internet und in sozialen Netzwerken ist eine Kernaufgabe des Staates. Daher habe ich mich gefreut, dass der Bund mit dem NetzDG die Initiative ergriffen hat. Allerdings hat der Bund für das NetzDG keine Gesetzgebungskompetenz. Es ist Aufgabe der Länder, für die Einhaltung der Rechtsordnung in sozialen Netzwerke Sorge zu tragen. Auch im Übrigen ist das NetzDG missraten, weil es die Gefahr eines Overblockings von Kommunikationsinhalten der Nutzer sozialer Netzwerke heraufbeschwört.

Wenn das NetzDG ein Hotel wäre, wie viele Sterne würden Sie ihm geben – und warum?

Das Hotel bekäme überhaupt keinen Stern, weil es außerhalb unserer Verfassung steht. Ein illegal errichteter „Schwarzbau" verdient keinen Stern. Das NetzDG ist sowohl formell als auch materiell verfassungswidrig:

Formelle Verfassungswidrigkeit des NetzDG

Das NetzDG ist nach (nahezu) einhelliger Literatur formell verfassungswidrig, da dem Bund hierfür eine Gesetzgebungskompetenz fehlt. Regelungsgegenstand des NetzDG ist die Verhinderung der Verbreitung rechtswidriger Inhalte, die einen der in § 1 Abs. 3 NetzDG genannten Straftatbestände erfüllt. Die Aufrechterhaltung der öffentlichen Sicherheit und Ordnung begründet keinen eigenständigen Kompetenztitel. Vielmehr ist sie kompetenziell dem Sachgebiet zuzuordnen, zu dem sie in einem notwendigen Sachzusammenhang steht. Die Gewährleistung der Rechtsordnung (im Sinne des § 1 Abs. 3 NetzDG) obliegt kraft Sachzusammenhangs dem Kompetenzträger, dem die Regelung der Tätigkeit sozialer Netzwerke obliegt. Wegen des engen Zusammenhangs zwischen Grundrechten und Kompetenznormen kommt es für die Kompetenzabgrenzung maßgeblich auf die grundrechtliche Einordnung des zu regelnden Sachbereichs an.

Dementsprechend liegt die Gewährleistung der allgemeinen Gesetze in den Medien bei den für die Medien zuständigen Ländern. Im Hinblick auf die vom NetzDG erfassten sozialen Netzwerke gilt nichts anderes, und zwar unabhängig davon, ob man insoweit an die Tätigkeit der Nutzer sozialer Netzwerke oder an die Anbieter solcher Plattformen anknüpft. Die Tätigkeit der Nutzer sozialer Plattformen stellt sich als Ausübung der durch Art. 5 Abs. 1 GG geschützten Kommunikationsgrundrechte dar. Im Sinnzentrum der Kommunikationsgrundrechte des Art. 5 Abs. 1 GG stehen nicht wirtschaftliche Interessen, die eine Bundeskompetenz nach Art. 74 Abs. 1 Nr. 11 GG begründen könnten, sondern der freiheits- und demokratiefördernde Kommunikationsprozess. Der Schutz dieses Kommunikationsprozesses unterfällt nicht dem Sachgebiet des Art. 74 Abs. 1 Nr. 11 GG, sondern der Länderkompetenz nach Art. 70 Abs. 1 GG. Die Gewährleistung der verfassungsmäßigen Ordnung bei sämtlichen durch Art. 5 Abs. 1 GG geschützten Kommunikationsformen steht in einem engen Zusammenhang mit dieser Kompetenz und unterliegt deshalb ebenfalls der Länderkompetenz nach Art. 70 Abs. 1 GG.

Das Gleiche gilt, wenn man in Bezug auf die kompetenzielle Verortung des NetzDG auf die Anbieter sozialer Netzwerke abstellt. Die Tätigkeit sozialer Netzwerke unterfällt wegen ihrer (algorithmengesteuerten) meinungsbildenden Funktion („Filterblasen", „Echokammer") dem Schutz der Mediengrundrechte des Art. 5 Abs. 1 Satz 2 GG, deren Regulierung einschließlich der Gewährleistung der öffentlichen Sicherheit und Ordnung den Ländern obliegt. Das würde auch dann gelten, wenn Anbieter sozialer Netzwerke (allein) Träger der Wirtschaftsgrundrechte (Art. 12, 14 GG) wären. Auch (strikt inhaltsneutrale) Plattformbetreiber (Kabelnetzbetreiber etc.) sind kraft Landesrechts an die verfassungsmäßige Ordnung gebunden (§ 52a Abs. 1 RStV) und können unter den Voraussetzungen der Nichtstörerhaftung (§ 52a Abs. 2 Satz 3 RStV) durch die zuständige Aufsichtsbehörde in Anspruch genommen werden. Für Anbieter sozialer Netzwerke, die wegen des Inhaltsbezugs ihrer Tätigkeit den rechtswidrigen Inhalten näherstehen, gilt nichts Anderes. Auch sie unterfallen der Länderkompetenz, selbst wenn man ihre Tätigkeit als eine rein wirtschaftliche Art qualifizierte.

Materielle Verfassungswidrigkeit des NetzDG

Nicht zuletzt ist das NetzDG auch materiell verfassungswidrig. Das NetzDG enthält im Vergleich zum ursprünglichen Gesetzentwurf zwar deutliche Verbesserungen. Gleichwohl verstößt das NetzDG in mehrfacher Hinsicht gegen die Grundrechte aus Art. 5 Abs. 1 GG der Nutzer und der Anbieter sozialer Netzwerke.

Erstens: Mit Blick auf die Bußgeldandrohung nach § 4 NetzDG werden Anbieter sozialer Netzwerke Inhalte auch ohne eingehende Prüfung ihrer Rechtmäßigkeit im Zweifel löschen. Eine Löschung ohne eingehende Rechtmäßigkeitsprüfung ist mit dem besonderen Schutz der Kommunikationsgrundrechte des Art. 5 Abs. 1 Satz 1 und 2 GG unvereinbar. Dieser Gefahr eines verfassungswidrigen Overblockings wirkt das NetzDG nicht entgegen. Im Gegenteil: Es begründet diese Gefahr nachgerade.

Der Gesetzgeber berücksichtigt zwar durch § 3 Abs. 2 Nr. 3 Halbsatz 2 Buchstabe a Halbsatz 1 NetzDG, dass die Entscheidung der Anbieter sozialer Netzwerke über die Rechtswidrigkeit des Inhalts wegen tatsächlicher Schwierigkeiten innerhalb von 7 Tagen nicht möglich ist. Eine entsprechende Regelung für den Fall, dass die Entscheidung wegen rechtlicher Schwierigkeiten länger als 7 Tage beansprucht, fehlt jedoch. Damit ist die vom Gesetzgeber erkannte Gefahr, dass Inhalte wegen des zu knappen Zeitfensters für eine eingehende Prüfung gelöscht werden, nicht gebannt. Um dieser Gefahr wirksam zu begegnen, hätte es einer Ausnahme von der 7-Tage-Regelung nicht nur bei tatsächlich, sondern auch bei rechtlich schwierigen Fällen bedurft.

Dieser Fehler des Gesetzgebers setzt sich bezogen auf die Einrichtung der regulierten Selbstregulierung fort und wird noch verstärkt. Für die Entscheidung über die Rechtswidrigkeit des Inhalts durch eine solche Einrichtung fehlt eine § 3 Abs. 2 Nr. 3 Halbsatz 2 Buchstabe a Halbsatz 1 NetzDG entsprechende Regelung. Die Möglichkeit einer Überschreitung der 7-Tage-Regelung ist nicht einmal – wie für Anbieter sozialer Netzwerke – für den Fall vorgesehen, dass die Entscheidung in tatsächlicher Hinsicht Schwierigkeiten aufwirft. Erst recht fehlt eine Dispensmöglichkeit für den Fall, dass die Entscheidung rechtlich schwierig ist. Der Gesetzgeber ist daher der von ihm erkannten Gefahr, dass Inhalte wegen des zu knappen Zeitkorridors für eine eingehende Prüfung gelöscht werden, doppelt nicht entgegengetreten.

Die Gefahr des Overblockings besteht umso mehr, als Anbieter sozialer Netzwerke nach dem NetzDG keine Möglichkeit haben, eine gerichtliche Entscheidung über die Rechtswidrigkeit des Inhalts herbeizuführen. Eine solche Möglichkeit der gerichtlichen Vorabentscheidung räumt das NetzDG nur dem Bundesamt für Justiz als Bußgeldbehörde (§ 4 Abs. 4 Satz 1 NetzDG) ein (§ 4 Abs. 5 NetzDG).

Schließlich wird die Gefahr des Overblockings dadurch verstärkt, dass Anbieter sozialer Netzwerke nicht verpflichtet sind, den betroffenen Nutzer vor der Entscheidung über die Löschung seines Inhalts anzuhören. Damit weicht der Gesetzgeber von der gefestigten Rechtsprechung des Bundesgerichtshofes zur Störerhaftung ab. Danach „ist" dem Urheber einer Äußerung nach einer Beschwerde Gelegenheit zur Stellungnahme zu geben, bevor der Plattformbetreiber die Äußerung löscht. Durch die fehlende Anhörungspflicht wird das Risiko eines unzureichend ermittelten Sachverhalts und damit das Risiko nicht gerechtfertigter Löschungen durch Anbieter sozialer Netzwerke erhöht.

Zweitens: Ausweislich der Gesetzesbegründung soll „nicht schon die fehlerhafte Nichtlöschung eines einzelnen Inhaltes", sondern nur „ein systemisches Versagen" eines Anbieters die Grundlage für die Verwirklichung eines Bußgeldtatbestandes nach § 4 Abs. 1 Nr. 2 NetzDG sein. Dies kommt im Bußgeldtatbestand des § 4 Abs. 1 Nr. 2 NetzDG jedoch nicht zum Ausdruck. Diese Bußgeldvorschrift ist daher wegen Verstoßes gegen das Bestimmtheitsgebot des Art. 103 Abs. 2 GG verfassungswidrig.

Drittens: Das NetzDG räumt dem nicht staatsfrei organisierten Bundesamt für Justiz eine Reihe von inhaltsbezogenen Handlungs- und Beurteilungsspielräumen ein, die es ermöglichen, dass sachfremde Erwägungen Einfluss auf die Entscheidung des Bundesamtes für Justiz über die Verhängung von Bußgeldern und deshalb mittelbar auf die Entscheidung der Anbieter sozialer Netzwerke über die Löschung von Inhalten gewinnen können. Das verstößt gegen den Grundsatz der Staatsfreiheit des Kommunikationsprozesses und der Medien (Art. 5 Abs. 1 Satz 1 und 2 GG).

Wenn Sie drei Wünsche frei hätten im Zusammenhang mit dem NetzDG, welche wären das?

Ein erster Wunsch ginge dahin, dass das Verwaltungsgericht Köln, bei dem das NetzDG derzeit anhängig ist, das Verfahren aussetzt und das Bundesverfassungsgericht nach Vorlage durch das Verwaltungsgericht Köln das NetzDG für verfassungswidrig erklärt.

Sodann müssten die Länder aktiv werden und die Schutzlücken, die im RStV in Bezug auf einen wirksamen Rechtsgüterschutz in sozialen Netzwerken bestehen, schließen. Anders als im NetzDG sollten keine (strikten) Fristen für die Prüfung der Rechtswidrigkeit von Inhalten gesetzlich geregelt werden. Ebenfalls wünsche ich mir, dass das im Landesrecht anerkannte und bewährte System regulierter Selbstregulierung auch im Zusammenhang mit sozialen Netzwerken zur Anwendung kommt.

Der dritte Wunsch, genauer die dritte Forderung des Grundgesetzes, bezieht sich auf die Organisation der Aufsicht über soziale Netzwerke: Die Aufsicht über soziale Netzwerke ist staatsfrei auszugestalten und darf nicht – wie nach dem NetzDG (Bundesamt für Justiz) – in die Hände des Staates gelegt werden. Als staatsfrei organisierte Einrichtungen erfüllen die Landesmedienanstalten den Grundsatz der Staatsfreiheit und sind in besonderer Weise geeignet, die Aufsicht über soziale Netzwerke auszuüben. Eine solche Zuständigkeit drängt sich deshalb auf, weil die Aufsicht auch über andere Telemedien nach Landesrecht regelmäßig den Landesmedienanstalten obliegt. Für soziale Netzwerke, die ebenfalls Telemedienanbieter sind, kann nichts anderes gelten.

Cornelia Holsten ist Direktorin der Bremischen Landesmedienanstalt und seit 2018 Vorsitzende der Direktorenkonferenz der Landesmedienanstalten (DLM) sowie der Kommission für Zulassung und Aufsicht (ZAK). Zudem gehört sie dem Vorstand des Instituts für Europäisches Medienrecht (EMR) an. Frau Holsten war im Jahr 2017 Vorsitzende der KJM und ist Lehrbeauftragte für Medienrecht und Mediennutzungstrends an den Hochschulen Bremen und Bremerhaven.

Prof. Dr. iur. Hubertus Gersdorf ist Inhaber des Lehrstuhls für Staats- und Verwaltungsrecht sowie Medien- und Informationsrecht an der Juristenfakultät der Universität Leipzig. Seine Forschungsschwerpunkte liegen vor allem im Bereich des Kommunikationsrechts sowie der Regulierung von Netzindustrien und postalischen Diensten.

Schwerpunktanalyse der Landesmedienanstalten zu rechtsextremen Webangeboten im lokalen und regionalen Raum

Thomas Voß

1. Anlass, Ziel und Verfahren

Hate-Speech-Probleme sowie ausländer- und flüchtlingsfeindliche Angebote im Netz werden in der gesellschaftlichen Diskussion oft pauschal erwähnt. Die Größe des Problems ist allerdings unklar. In den Medien werden oft nur Einzelfälle fokussiert. Nähere Informationen, auch zu geografischen Unterschieden oder zu übergreifenden Vernetzungen der Angebote, gibt es kaum. Dies gilt insbesondere für Webseiten, Profile in sozialen Netzwerken bzw. auf Plattformen, Blogs und an die Öffentlichkeit gerichtete Facebook-Profile. In der Internetaufsicht der Landesmedienanstalten und auch in ihrer bundesweiten Kommission für Jugendmedienschutz (KJM) gab es bis Anfang 2017 nur relativ wenige Fälle aus diesem Bereich.

Deshalb beschlossen die KJM und die Direktorenkonferenz der Landesmedienanstalten (DLM) Anfang 2017 die Durchführung einer „Schwerpunktanalyse der Landesmedienanstalten zu rechtsextremen Webangeboten". Da relevante Angebote bei den Landesmedienanstalten bereits unter Beobachtung stehen und es in den einzelnen Bundesländern Kenntnis relevanter Szenen gibt, wurde diese Analyse zudem konzentriert auf Webangebote „im lokalen und regionalen Raum". Koordiniert wurde die Analyse vom Autor dieses Textes.

Ende April 2017 wurden die zuständigen Mitarbeiterinnen und Mitarbeiter der Landesmedienanstalten über die auf § 4 Abs. 1 Satz 1 Nr. 3 Jugendmedienschutzstaatsvertrag (JMStV) fokussierte Schwerpunktanalyse informiert. Danach sind:
„unbeschadet strafrechtlicher Verantwortlichkeit Angebote unzulässig, wenn sie (...) zum Hass gegen Teile der Bevölkerung oder gegen eine nationale, rassische, religiöse oder durch ihr Volkstum bestimmte Gruppe aufstacheln, zu Gewalt- oder Willkürmaß-

nahmen gegen sie auffordern oder die Menschenwürde anderer dadurch angreifen, dass Teile der Bevölkerung oder eine vorbezeichnete Gruppe beschimpft, böswillig verächtlich gemacht oder verleumdet werden."

Für die Durchführung der Schwerpunktanalyse stellte jugendschutz.net Hilfen zur Verfügung in Form von: Landesdossiers zu rechtsextremen Angeboten, im Monitoring bei jugendschutz.net befindliche deutsche Angebote mit Regionalbezug, Keywords sowie Tipps für die Recherche auf Social-Media-Plattformen. Am 8. Mai 2017 erhielten die Häuser vom Koordinator dieser Analyse zusätzliche Recherchehilfen und die Auswertungsvorgaben inklusive Zeitplan. Soweit im Rahmen der Analyse weitere Verstöße gegen § 4 JMStV auffielen, wurden diese ebenfalls erfasst.

Die Schwerpunktanalyse basierte auf einer stichprobenartigen Recherche im Prüfzeitraum 29. Mai bis 11. Juni 2017. Der zusammenfassende Ergebnisbericht lag Ende August 2017 vor. Mit dieser Schwerpunktanalyse führten die Landesmedienanstalten zum ersten Mal eine bundesweit abgestimmte Telemedien-Auswertung durch. Aus diesem Grund war neben den möglichen Verstößen auch wichtig, wie die Kolleginnen und Kollegen innerhalb des vorgegebenen Auswertungsrahmens jeweils vorgegangen waren und welche Erkenntnisse und Erfahrungen sie dabei gesammelt hatten. Vor diesem Hintergrund werden nachfolgend sowohl die quantitativen Befunde mit Blick auf die möglichen Verstöße zusammengefasst als auch die jeweiligen qualitativen Befunde zur Recherche selbst erläutert.

2. Ergebnisse

2.1 Quantitative Befunde

Bundesweit wurden insgesamt 708 relevante Angebote ermittelt. Gezählt wurden nur die Angebote, die zum Sichtungszeitpunkt tatsächlich online waren. In insgesamt 347 Fällen wurde ein Anfangsverdacht auf Verstöße gegen den JMStV festgestellt.

Es handelte sich vor allem um Verstöße gegen § 4 Abs. 1 JMStV: volksverhetzende Inhalte, unzulässige Gewaltdarstellungen, Anleitungen zu Straftaten, unzulässige Darstellungen von Kennzeichen verfassungswidriger Organisationen, Holocaust-Leugnungen, gegen die Menschenwürde verstoßende Inhalte und Zugänglichmachen indizierter Angebote (Indizierungsliste Teile B und D).

Das Spektrum der möglichen Verstöße umfasste insgesamt:

- § 4 Abs. 1 Satz 1 Nr. 2 JMStV (Verwendung von Kennzeichen verfassungswidriger Organisationen i. S. d. § 86a StGB): Hakenkreuze, Keltenkreuze und Hitlergrüße.
- § 4 Abs. 1 Satz 1 Nr. 3 JMStV (Volksverhetzende Aussagen i. S. d. § 130 StGB): Beispielsweise werden Geflüchtete oder Muslime als „Dreckspack", „Kanackenpack", „Rattenpack" und „Fickilanten" bezeichnet. Sie werden pauschal als Mörder, Sexualstraftäter oder Ungeziefer verunglimpft. Es wird zu Selbstjustiz und Will-

kürmaßnahmen gegen diese Bevölkerungsgruppen aufgefordert.

- § 4 Abs. 1 Satz 1 Nr. 4 JMStV (Leugnung von unter der Herrschaft des Nationalsozialismus begangenen Handlungen): Leugnung der Kriegsschuld der Deutschen oder des Holocaust.
- § 4 Abs. 1 Satz 1 Nr. 5 JMStV (Darstellungen grausamer oder sonst unmenschlicher, die Menschenwürde verletzender Gewalttaten): z. B. unverfremdete Fotografien von geköpften oder verstümmelten Menschen.
- § 4 Absatz 1 Satz 1 Nr. 11 JMStV (Verlinkung auf in Teil D der Liste nach § 18 des Jugendschutzgesetzes aufgenommene Angebote).
- § 4 Abs. 2 Satz 1 Nr. 2 i. V. m. Satz 2 JMStV (Verlinkung auf in Teil C der Liste nach § 18 des Jugendschutzgesetzes aufgenommene Angebote).
- § 7 Abs. 1 JMStV (Nichtbestellung eines Jugendschutzbeauftragten).

Die mit großem Abstand meisten Verdachtsfälle ermittelte die sächsische Landesmedienanstalt SLM (214), gefolgt von der hessischen LPR (24) und der Thüringer TLM (19). Die wenigsten Verdachtsfälle fand die bremische Landesmedienanstalt brema (2), gefolgt von der rheinland-pfälzischen LMK und der saarländischen LMS (jeweils 4), der MSA (Sachsen-Anhalt) und der NLM (Niedersachsen) (jeweils 5).

Unter den 347 Verdachtsfällen befanden sich 331 Fälle, die nach bisheriger Prüfung verfolgbar waren. Einige Häuser hatten bereits während der Durchführung der Schwerpunktanalyse erste Maßnahmen ergriffen bzw. avisiert: So wurden aus Zuständigkeitsgründen 16 Fälle an eine andere Landesmedienanstalt weitergeleitet. 15 Fälle wurden schon bei der Staatsanwaltschaft angezeigt, in vier Fällen wurden aufsichtsrechtliche Hinweise versandt. Ein Fall wurde in ein KJM-Prüfverfahren eingespeist. In 19 Fällen wurden Anträge auf Indizierung gestellt.

Die meisten Landesmedienanstalten hatten bis zum Zeitpunkt der Abgabe ihrer Auswertungsergebnisse noch keine aufsichtlichen Maßnahmen eingeleitet. Sie beabsichtigten jedoch, ihre Verdachtsfälle zeitnah in die KJM einzubringen oder sie an jugendschutz.net weiterzuleiten. Einige Häuser identifizierten Angebote, die im Auswertungszeitraum zwar noch keine Verstöße aufwiesen. Es lagen aber Anhaltspunkte vor, dass hier jugendgefährdende oder strafrechtlich relevante Inhalte zu erwarten seien. Deshalb nahmen einige Medienanstalten diese Fälle in das hauseigene Monitoring bzw. in das Monitoring von jugendschutz.net auf.

2.2 Anmerkungen zu Methoden und Erfahrungen der Analyse

Die Landesmedienanstalten setzten innerhalb des vorgegebenen Auswertungsrahmens unterschiedliche Methoden erfolgreich ein:

- Einige Häuser baten in ihren Ländern relevante Institutionen zum Thema Extremismus-Prävention um Informationen zu einschlägigen Personen, Gruppen, Social-Media-Kanälen etc.
- Für die Recherche nützlich waren bereits bekannte rechtsextreme Angebote, die jugendschutz.net als Einstiegsadressen zugeliefert hatte oder die den aktuellen Verfassungsschutzberichten der Länder entnommen wurden.
- Teilweise erfolgreich war die Suche nach Web- bzw. Social-Media-Angeboten von regionalen Gruppen der bekannten rechtsextremen Parteien oder Gruppierungen (NPD, Freie Nationalisten, Pegida usw.).
- Die „Newsfeeds“ der Social-Media-Angebote wurden nach Verlinkungen auf möglicherweise einschlägige externe Angebote überprüft. Auf Facebook wurden zudem die Kategorien „Pages liked by this page“ und „people also like“, auf „vk.com“ wurde die Kategorie „noteworthy pages“ durchsucht.
- Weitere Angebote wurden über die Google-Suchfunktion ermittelt. Sie erfolgte über die kombinierte Suche nach Schlagworten, Regionalbezügen und spezifischen Social-Media-Plattformen unter Einsatz von Suchoperatoren. Darüber hinaus wurden auch die Suchfunktionen der jeweiligen Social-Media-Plattformen genutzt und dabei Schlagwörter und Regionalbezüge kombiniert.
- Eine Landesmedienanstalt stellte auf den einschlägigen Webangeboten sowie auf den Facebook-, YouTube- und Twitter-Profilen der rechtsextremen Parteien keine Verstöße fest. Offenbar wussten diejenigen, die bereits vom Verfassungsschutz beobachtet werden, genau Bescheid, welche Formulierungen zu wählen sind, um gerade noch vor strafrechtrechtlicher Verfolgung geschützt zu sein. Hingegen wurde eine massive Abwanderungsbewegung von Facebook auf die russische Plattform „vk.com“ festgestellt, die in zahlreichen Posts auch offen kommentiert wurden. Die vk.com-Profile hatten eine hohe Kommentierungsfrequenz, teilweise im Minutentakt, insbesondere im Kontext aktueller Geschehnisse wie G20. Als mögliche Gründe für die Abwanderungsbewegung vermutete die Landesmedienanstalt das öffentlich breit diskutierte und im Juni 2017 vom Bundestag angenommene Netzwerkdurchsetzungsgesetz (NetzDG) sowie die stärkeren Kontrollen von Facebook.
- Eine andere Landesmedienanstalt bezog ihre Recherche insbesondere auf einen vom zuständigen Landesamt für Verfassungsschutz veröffentlichten Bericht über rechtsextremistische Bestrebungen im Internet.

3. Fazit und weiteres Vorgehen

Die „Schwerpunktanalyse der Landesmedienanstalten zu rechtsextremen Webangeboten im lokalen und regionalen Raum“

lieferte Antworten auf die eingangs aufgeworfenen Fragen nach Größe und räumlicher Verteilung von Hate-Speech-Problemen und rechtsextremistischen Angeboten im Netz.

Auf Basis einer zweiwöchigen Stichprobe ermittelten die 14 Landesmedienanstalten bundesweit insgesamt 708 relevante Webseiten, Profile in sozialen Netzwerken bzw. auf Plattformen, Blogs und an die Öffentlichkeit gerichtete Facebook-Profile. In insgesamt 347 Fällen wurde ein Anfangsverdacht auf Verstöße gegen den JMStV festgestellt. Es handelte sich dabei vor allem um mögliche Verstöße gegen § 4 Abs. 1 JMStV. Diese Fälle wurden entsprechend der KJM-Regularien rechtlich verfolgt und an die strafrechtlich zuständigen Staatsanwaltschaften weitergeleitet.

Dieses zentrale Analyseergebnis ist auch vor dem Hintergrund zu sehen, dass zeitgleich zu dieser Auswertung das öffentlich breit diskutierte und im Juni 2017 vom Bundestag angenommene NetzDG zu einer Abwanderungsbewegung relevanter Anbieter geführt hat. Das Gesetz war zum Zeitpunkt der Durchführung dieser Analyse (29. Mai bis 11. Juni 2017) noch nicht in Kraft.

Anfang März 2018 wurden die Landesmedienanstalten um Übermittlung des Sachstandes in den ermittelten Verdachtsfällen gebeten. Nach den Ergebnissen der Sachstandsabfrage haben die Landesmedienanstalten bei 136 Angeboten die nachstehenden 158 Maßnahmen getroffen:

Weiterleitung an zuständige Landesmedienanstalten:	24
Abgabe an die Staatsanwaltschaft:	49
Abgabe an jugendschutz.net:	15
Aufsichtsrechtliche Hinweise:	5
Einspeisung in ein KJM-Prüfverfahren:	22
Antrag auf Indizierung:	19
Aufnahme in das Monitoring:	24

Mehr als 200 Angebote sind zwischenzeitlich offline oder wurden rechtskonform gestaltet. Bei drei Angeboten waren die Anbieter bisher nicht ermittelbar. Drei weitere Verdachtsfälle wurden aufgrund eines Kommunikationsversehens nicht weiterverfolgt. In weiteren Verdachtsfällen konnte der vermutete Verstoß nicht bestätigen werden, sodass keine weiteren Maßnahmen ergriffen wurden.

Weitere bundesweit koordinierte Schwerpunktanalysen dieser Art sind avisiert.

Dr. Thomas Voß ist Bereichsleiter Programm und Medienkompetenz der Medienanstalt Hamburg/Schleswig-Holstein (MA HSH) und gemeinsam mit Sonja Schwendner (BLM) und Doris Westphal-Selbig (LMK) Prüfgruppensitzungsleiter der KJM.

Verfolgen statt nur Löschen

Eine nordrhein-westfälische Initiative gegen Hassrede und für mehr Selbstbewusstsein bei der Rechtsdurchsetzung im Netz

Miriam de Groot

Die Werte unserer Gesellschaft gelten innerhalb des Internets genauso wie außerhalb. Daher können auch im Netz keine rechtsfreien Räume zugelassen werden. Hassrede im Internet ist jedoch mittlerweile ein gesamtgesellschaftliches Problem, das von der Rechtsdurchsetzung häufig unberührt bleibt und die Meinungsvielfalt bedroht. Um diesem Problem zu begegnen, hat die Landesanstalt für Medien NRW gemeinsam mit der nordrhein-westfälischen Landesregierung eine Arbeitsgruppe gegründet, die relevante Akteure vernetzt und so Maßnahmen zur Bekämpfung von Hassrede im Internet fördert.

Die Ausgangslage

Bereits seit 2016 erhebt forsa im Auftrag der Landesanstalt für Medien NRW in einer jährlichen Umfrage die Wahrnehmung von Hassrede im Netz, s. Beitrag von Meike Isenberg in diesem Buch S. 28 ff. Die Ergebnisse bestätigen über die Jahre den Eindruck, dass es hier Handlungsbedarf gibt. Die Wahrnehmbarkeit von Hassrede steigt weiter an. 78 Prozent der Befragten im Jahr 2018 – und damit 11 Prozent mehr als noch 2017 – gaben an, schon einmal mit Hassrede in sozialen Netzwerken, Internetforen oder Blogs konfrontiert worden zu sein. Bei den 14–24-Jährigen sind es sogar 96 Prozent (2017: 94 Prozent). Gleichzeitig steigt die Zahl derjenigen an, die sich aktiv gegen Hassrede engagieren und – das erscheint eine bemerkenswerte Erkenntnis – lediglich ein Prozent der befragten Internetnutzerinnen und -nutzer geben an, selbst einmal einen Hasskommentar verfasst zu haben.

Dr. Tobias Schmid, Direktor der Landesanstalt für Medien NRW: „Die Ergebnisse zeigen, dass wir viel Hetze, aber wenige Hetzer im Netz haben – dies zeigt uns aber auch, dass es eine Chance gibt, den zunehmenden Hass im Internet in den Griff zu bekommen. Die Ergebnisse sollten uns ermutigen, die Kommunikation im Netz zurückzuerobern, um es wieder zu dem Ort zu machen, der es sein sollte: geprägt von einer freien, offenen und konstruktiven Debattenkultur."

Die Arbeitsgruppe

Vor diesem Hintergrund hat sich die Initiative *Verfolgen statt nur Löschen* dem Schutz von Freiheit und Demokratie im Netz verschrieben. Sie wurde 2017 gestartet und vereint Vertreter von Medienaufsicht, Strafverfolgungsbehörden und Medienhäusern. Ziel ist es, eine Rechtsdurchsetzung im Internet zu erleichtern und so ein deutliches Zeichen gegen Recht- und Rücksichtslosigkeit im Netz zu setzen. Dazu kooperiert die Landesanstalt für Medien NRW mit der Zentral- und Ansprechstelle Cybercrime (ZAC NRW), dem Landeskriminalamt NRW und den Medienhäusern Mediengruppe RTL Deutschland, Rheinische Post und Westdeutscher Rundfunk. Seit Januar 2019 wird die Arbeitsgruppe außerdem unterstützt durch den Kölner Stadt-Anzeiger, den Express, die Deutsche Welle und den eco – Verband der Internetwirtschaft e. V.. Wichtigstes Ziel der Projektbeteiligten war zunächst, bestehende Verfahrensweisen bei der Anzeigenerstattung zu hinterfragen und einen gemeinsamen, sachdienlichen Modus Operandi zu entwickeln.

Die Herausforderung

Die Herausforderung im Umgang mit Hassrede im Internet besteht für die Medienhäuser darin, dass sie sich aufgrund der erhöhten Anzahl von Hasskommentaren und des Haftungsrisikos für Kommentare auf ihren Internetseiten gezwungen sehen, unzulässige Kommentare ihrer Nutzer zu löschen. Alternativ bleibt den Redaktionen nur die Option, die Kommentarfunktion abzuschalten oder per se ganze Themenblöcke zu vermeiden. Rechtliche Schritte werden jedoch aufgrund des aufwendigen Prozederes nur selten ergriffen. Dies führt zwar dazu, dass die zum Teil strafrechtlich relevanten Inhalte nicht mehr öffentlich einsehbar sind. Eine Rückmeldung an den Verfasser der Hasspostings bleibt jedoch aus. Die fehlende Sanktionierung einer strafbaren Äußerung führt vielmehr dazu, dass sich ein eventuell bestehender Eindruck des Verfassers von „System- und Lügenpresse“ sogar weiter verstärkt, weil strafbare Äußerungen mitunter als zulässige eigene Meinung missverstanden werden. Hier greift der Ansatz von *Verfolgen statt nur Löschen*: Indem angezeigte Inhalte sorgfältig juristisch geprüft und Meinungsäußerungen von strafbaren Aussagen abgegrenzt werden, gewinnen Unternehmen an Rechtssicherheit und die Meinungsvielfalt im Internet wird geschützt.

Das Vorgehen

Das Bestreben der Arbeitsgruppe ist es daher, den teilnehmenden Medienunternehmen klare Ansprechpartner und effiziente Verfahrensabläufe bei der Anzeigenerstattung zur Verfügung zu stellen und den Prozess insgesamt zu vereinfachen. Die Landesanstalt für Medien NRW hat zu diesem Zweck eine Musteranzeige für die Medienhäuser entwickelt und bietet zusammen mit der ZAC NRW Rechtsschulungen für Redaktionen an. So können die Strafverfolgungsbehörden die Fälle sorgfältig strafrechtlich prüfen und im Falle einer Rechtsverletzung verfolgen. Mittelfristiges Ziel der Initiative ist es, durch die konsequente Sanktionierung von Rechtsverstößen eine generalpräventive Wirkung zu erzielen. Um diesen

Effekt zu vergrößern, sollen Präzedenzfälle und Verurteilungen außerdem öffentlichkeitswirksam begleitet werden.

Erste Ergebnisse

Nach der gemeinsamen Abstimmung der Prozessabläufe ist die Initiative im Februar 2018 in die operative Phase gestartet. Bis heute sind so über 280 Fälle zur Anzeige gebracht worden. Bei einer Mehrzahl der Verstöße handelt es sich um Onlinekommentare, die im Verdacht stehen, den Tatbestand der Volksverhetzung zu erfüllen. Hier wurden bereits die ersten Ermittlungsverfahren eingeleitet und im Zuge des bundesweiten Aktionstags zur Bekämpfung von Hasspostings im Internet am 14. Juni 2018 Hausdurchsuchungen bei Tatverdächtigen in NRW durchgeführt.

Ausblick

Als einzige Initiative dieser Art in Deutschland gilt es nun, die erarbeiteten Prozesse weiter zu optimieren und die gewonnenen Erfahrungen mit anderen zu teilen. Besonders erfreulich ist daher, dass die Initiative sowohl national wie auch auf EU-Ebene auf großes Interesse stößt und erste weitere Bundesländer an der Implementierung ähnlicher Strukturen arbeiten. Für Rückfragen und als Anlaufstelle für interessierte Redaktionen steht die Landesanstalt für Medien NRW gerne zur Verfügung. „Die Initiative *Verfolgen statt nur Löschen* erweist sich als guter erster Ansatz, das destruktive und hetzerische ‚eine Prozent‘ zurückzudrängen und Diskussionen wieder zu zivilisieren“, fasst Dr. Tobias Schmid, Direktor der Landesanstalt für Medien NRW, zusammen.

Miriam de Groot arbeitet seit 2011 bei der Landesanstalt für Medien NRW, sie ist in der Gruppe Medienpolitik und -ökonomie tätig und betreut federführend das Projekt „Verfolgen statt nur Löschen“.

Einzelfälle, Initiativen und Erkenntnisse aus den Ländern

Bayerische Landeszentrale
für neue Medien (BLM)
Anstalt des öffentlichen Rechts

Heinrich-Lübke-Straße 27 | 81737 München
Tel.: 089/638080 | Fax: 089/63808140
blm@blm.de | www.blm.de

Aus der Praxis: ausgewählte Einzelfälle

Beispiel „Aufstachelung zum Hass": Bestätigung Spruchpraxis durch Gerichtsentscheidung

Bei einem Onlineshop aus Bayern waren Produkte mit einer am Rechtsextremismus orientierten Ideologie aufgefallen. Im Fokus des Verfahrens stand die Kampagne „Todesstrafe für Kinderschänder": Verkauft wurden Tassen, Handyhüllen und T-Shirts mit Aufdrucken wie „Todesstrafe für Kinderschänder: Das Volk soll richten" oder „Todesstrafe für Kinderschänder: Therapie ist zwecklos". Teilweise waren Schlingen zur Symbolisierung von Lynchjustiz als Form der außergesetzlichen Bestrafung durch „das Volk" abgebildet.

Die pauschale Forderung nach der Todesstrafe für „Kinderschänder" erfolgte dabei nicht in einem rechtsstaatlichen Kontext, sondern wurde als alternative Art der Volksgerechtigkeit, angelehnt an die Ideologie des Nationalsozialismus, präsentiert. Es wurden Gewalt- und Willkürmaßnahmen befürwortet, die nicht durch demokratisch legitimierte Kontrollmechanismen rechtsstaatlich festgelegt sind. Die Forderung nach der „Todesstrafe für Kinderschänder" ist typisch für die rechtsextreme Szene. Sie wird gezielt von Neonazis erhoben, um Aufmerksamkeit zu generieren und Zuspruch aus der Mitte der Gesellschaft zu erhalten. Die KJM stellte nach Prüfung eine Aufstachelung zum Hass im Sinne des § 4 Abs. 1 Satz 1 Nr. 3 JMStV (Jugendmedienschutz-Staatsvertrag) fest. Die Bayerische Landeszentrale für neue Medien (BLM) verhängte ein Bußgeld und untersagte die Verbreitung der betreffenden Inhalte. Die Anbieterin entfernte die Inhalte und zog gleichzeitig vor Gericht. Das Gericht bestätigte den Bescheid der BLM inhaltlich und somit die Spruchpraxis der Medienaufsicht in diesem Bereich.

Beispiel „Politischer Extremismus und Entwicklungsbeeinträchtigung“: Bestätigung Spruchpraxis durch Gerichtsentscheidung

Gegenstand eines weiteren Aufsichts- und Gerichtsverfahrens der BLM war die Webseite eines in Bayern ansässigen, deutschlandweit bekannten Rechtsextremisten. Die KJM hatte Verstöße u. a. aufgrund einer Entwicklungsbeeinträchtigung für Kinder und Jugendliche festgestellt: durch Texte, in denen Juden und Ausländer diskriminiert, abgewertet und kriminalisiert sowie Homosexuelle diffamiert wurden. Die BLM erließ einen Bescheid und untersagte die Verbreitung der Inhalte. Der Anbieter ging vor Gericht. Auch hier bestätigte das zuständige Gericht den Bußgeldbescheid der BLM inhaltlich und bekräftigte damit die Spruchpraxis der Medienaufsicht. Denn auch Inhalte des politischen Extremismus unterhalb der Schwelle der Unzulässigkeit und Strafrechtsrelevanz können ein Jugendschutzproblem sein. So kann eine Beeinträchtigung der Entwicklung von Kindern und Jugendlichen zu einer eigenverantwortlichen und gemeinschaftsfähigen Persönlichkeit auch durch diskriminierende Darstellungen oder die Darstellung weltanschaulicher, religiöser und politischer Extremismen in den Medien gegeben sein. Hierzu gehören zum Beispiel Hassbotschaften, die sich gegen bestimmte Gruppen von Menschen, wie Ausländer, Muslime oder Homosexuelle, richten. Sie stellen außerdem eine Form von verbaler und psychischer Gewalt dar.

Facebook-Auftritt eines Rechtsextremisten: Inhalte entfernt vor Anhörung

Im Rahmen der KJM-Schwerpunktuntersuchung zu rechtsextremen Webangeboten im regionalen und lokalen Raum war die BLM auf problematische Inhalte im Facebook-Angebot eines bekannten Rechtsextremisten gestoßen. Eine KJM-Prüfgruppe sah hier mehrfache Verstöße gegen den JMStV, unter anderem wegen Volksverhetzung/Aufstachelung zum Hass, exemplarisch manifestiert in einem Beitrag mit dem Bild „Merkels All-Inclusive-Angebot: Mit syrischem Pass macht Einwandern Spass“. Hinzu kam folgender Nutzerkommentar: „Das mit dem Führerschein kann ich bestätigen. Ich habe männliche Scheinasylanten in einem Fahrschulwagen gesichtet. Ich dachte mir so, zahlen die den selber? Natürlich nicht, der wird von der arbeitenden Bevölkerung zwangsfinanziert!“

Die zuständige Staatanwaltschaft sah die Grenze zur Volksverhetzung beim genannten Beispiel als „gerade noch nicht überschritten“ an, stellte das Verfahren ein und gab den Vorgang an die BLM zurück. Dennoch entfernte der Anbieter den Beitrag von sich aus, noch vor der medienrechtlichen Anhörung – sowie auch alle anderen von der KJM-Prüfgruppe problematisierten Inhalte, von denen er durch das strafrechtliche Ermittlungsverfahren ebenfalls Kenntnis erhalten hatte.

Webseite rechtsextreme „Bürgerinitiative“: Inhalte entfernt nach Anhörung

Im Fall der Webseite einer „Bürgerinitiative“ aus einer bayerischen Großstadt entfernte die Anbieterin alle Inhalte, nachdem sie von der BLM zum Vorwurf der Entwicklungsbeeinträchtigung angehört worden war. Das Internet-Angebot hatte darauf abgezielt, eine einseitig negative Stimmung insbesondere gegen die vor Ort lebenden Ausländer und Flüchtlinge zu verbreiten, Ängste zu schüren und Vorurteilen Vorschub zu leisten. Wesentliche Erziehungsziele unserer Gesellschaft, wie Solidarität, Empathie, Toleranz und Respekt, wurden konterkariert. Zwar steht es Anbietern frei, sich gegenüber der deutschen Einwanderungs- oder Asylpolitik kritisch zu äußern. Doch sind dabei die von der Verfassung vorgegebenen Wertentscheidungen, insbesondere das verfassungsrechtlich fundierte Toleranzgebot, zu beachten. Dem Jugendschutz war somit Vorrang gegenüber der Meinungsfreiheit einzuräumen. Die vermeintliche „Bürgerinitiative“ diente hier als Tarnorganisation für Neonazis. Die Bezeichnung „Bürgerinitiative“ wird von Rechtsextremisten gezielt verwendet, um sich als bürgernahe und wählbare politische Alternative darstellen.[1]

Die dargestellten Fälle zeigen, dass die konsequente Durchführung exemplarischer Aufsichts- und Gerichtsverfahren seitens der Medienaufsicht Grenzen markiert und Wirkung über den Einzelfall hinaus entfaltet.

---

1 Vgl. hierzu Informationsportal „Bayern gegen Rechtsextremismus“ unter: https://www.bayern-gegen-rechtsextremismus.bayern.de/wissen/parteien-und-szenen/rechtsextremistische-gruppierungen/buergerinitiativen-auslaenderstopp/?searchterm=B%C3%BCrgerinitiativen

Austausch und Vernetzung beim Thema „politischer Extremismus“

Die BLM hat angesichts der steigenden Zahl von Fällen einen Austausch mit Experten aus München und Umgebung zum Thema „politischer Extremismus im Internet“ initiiert. Ziel der Expertenrunde, die sich regelmäßig trifft, ist der Austausch und die Vernetzung mit Vertretern einschlägiger Institutionen aus der Region, darunter Staatsanwaltschaft, Verfassungsschutz und Polizei. Dies hat sich, auch mit Blick auf Aufsichts- und Gerichtsverfahren, bewährt.

Die BLM ist außerdem Mitglied im landesweiten Beratungsgremium „Bayern gegen Rechtsextremismus“, einem Zusammenschluss von unterschiedlichen Institutionen, Initiativen, staatlichen und nicht staatlichen Organisationen sowie Einzelpersonen, die sich gegen Rechtsextremismus, Rassismus und gruppenbezogene Menschenfeindlichkeit engagieren. Im Fokus stehen Erfahrungsaustausch und Vernetzung, u. a. in Form von regelmäßigen Vernetzungstreffen. Die Koordination hat die Landeskoordinierungsstelle „Bayern gegen Rechtsextremismus“ beim Bayerischen Jugendring.

mabb_

Medienanstalt Berlin-Brandenburg (mabb)
Anstalt des öffentlichen Rechts

Kleine Präsidentenstraße 1 | 10178 Berlin
Tel.: 030/2649670 | Fax: 030/26496790
mail@mabb.de | www.mabb.de

Keine Duldung von verfassungsfeindlichen Kennzeichen

In 2017 führte die Medienanstalt Berlin-Brandenburg (mabb) gemeinsam mit allen Landesmedienanstalten eine Schwerpunktanalyse zum Thema „Rechtsextremismus im Internet“ durch (siehe Beitrag Dr. Voß). Ziel dieser Analyse war es, dem zunehmenden Aufkommen von Hassreden im Internet, insbesondere in sozialen Netzwerken wie Facebook, effektiv entgegenzutreten.

Im Verlauf der Recherchen ist die mabb auf den hier in Rede stehenden Facebook-Account aufmerksam geworden. Das Profil des Anbieters erlangte zwar verhältnismäßig wenig öffentliche Aufmerksamkeit; die Reichweite war mit 396 Freunden überschaubar, die Beiträge wurden wenig kommentiert und nur selten geteilt. Gleichwohl wurde der Aufsichtsfall Ende 2017 an die Staatsanwaltschaft Cottbus weitergeleitet, da der Verdacht auf eine Straftat nahelag.

Die erste Darstellung zeigt einen runden Tisch, auf dessen Oberfläche großflächig der NS-Reichsadler mit Hakenkreuz eingraviert ist. Die Abbildung ist versehen mit dem Schriftzug „AN DIESEM TISCH WERDEN AB SOFORT ASYL-ANTRRRÄGE BEARBEITET“.

Eine weitere Abbildung zeigt ein mit dem Schriftzug „Nun, VOLK, steh auf und Sturm brich los!“ überschriebenes NS-Propagandaplakat, auf dessen oberer Hälfte sich im Hintergrund die Nationalflagge des Dritten Reichs mit dem schwarzen Hakenkreuz im weißen Kreis auf rotem Grund befindet.

Die Staatsanwaltschaft bestätigte die Einschätzung der mabb, dass es sich bei diesen Inhalten um Straftatbestände nach § 86a StGB (Verbreitung von Kennzeichen verfassungswidriger Organisationen) handelt und erließ einen Strafbefehl mit einer Geldstrafe von 140 Tagessätzen zu je 10,– Euro, der bereits im April 2018 rechtskräftig wurde. Da die Abschlüsse anderer Verfahren oftmals um ein Vielfaches länger dauern, lässt dies hoffen, dass die Staatsanwaltschaften bei der Verbreitung von verfassungsfeindlichen Kennzeichen schnell reagieren.

Bei der Ermittlung von volksverhetzenden Inhalten ist der Nachweis der Strafbarkeit allerdings sehr komplex. Die Grenze zur freien Meinungsäußerung ist abzuwägen, was gerade bei problematischen Äußerungen oder Abbildungen/Karikaturen nicht ganz einfach ist. Darüber hinaus ist grundsätzlich zu berücksichtigen, ob die Inhalte möglicherweise in einem aufklärerischen oder gar kritischen Kontext stehen, was vorliegend jedoch eindeutig zu verneinen ist.

Das gesamte Facebook-Profil zeichnet sich durch fremdenfeindliche Äußerungen, Kommentare, Abbildungen etc. aus, und nicht durch eine staatsbürgerliche Aufklärung oder anderweitige Gründe, die die Abbildungen/Kommentare legitimieren könnten.

Der Strafbefehl beruht erstaunlicherweise dennoch nur auf den beiden oben beschriebenen Inhalten, deren Verbreitung dem Verantwortlichen als selbstständige Handlung zugeschrieben wurde, was vorliegend durch den Nachweis der Betätigung des „Teilen"-Button erfolgte. Hierüber wurden die Abbildungen für jeden User sichtbar und durch die vorgenommene Voreinstellung wurden die Inhalte direkt an seine „Freunde" weitergeleitet. Da es sich hierbei um einen aktiven Vorgang handelt, konnte dem Anbieter eindeutig die Verantwortlichkeit nachgewiesenwerden sowie die Kenntnis über die Rechtsverstöße, da es sich um eine Wiederholungstat handelte. Alle anderen unzulässigen Inhalte wurden vom Strafbefehl nicht erfasst.

Gleiches gilt für einen ähnlich gelagerten Aufsichtsfall der mabb. Die zuständige Staatsanwaltschaft stellte das Ermittlungsverfahren mit der Begründung ein, dass die volksverhetzende Kommentierung eines anderen Users zu einem Beitrag des Anbieters nicht dem Verantwortlichen strafrechtlich zuzurechnen sei, da nicht davon ausgegangen werden konnte, dass er sich diese zu eigen gemacht habe.

Der Nachweis des „sich zu eigen Machens von Fremdangeboten" erhält demnach gerade in sozialen Netzwerken eine wichtige Bedeutung, die bei aktuellen und zukünftigen Aufsichtsfällen zwingend zu berücksichtigen ist. Andernfalls steht zu befürchten, dass die Verbreitung derartiger Inhalte möglicherweise folgenlos bleibt. Ein Ergebnis, das nicht zu akzeptieren wäre.

So hat eine aktuelle Überprüfung des Profils ergeben, dass entsprechende Inhalte nach wie vor auf seinem Profil abrufbar sind. Durch das von der Staatsanwaltschaft festgelegte Bußgeld lässt sich der Verantwortliche demnach nicht abschrecken. Offensichtlich handelt es sich um einen hartnäckigen und uneinsichtigen Anbieter, der trotz Bestrafung nicht vor Wiederholungstaten zurückschreckt.

Es bleibt zu hoffen, dass die wiederholte Anzeige der mabb sowie das parallel laufende Verwaltungsverfahren letztendlich noch zum Erfolg führen, damit unsägliche Inhalte wie diese unwiderruflich aus dem Netz verschwinden.

MA HSH
Medienanstalt Hamburg/Schleswig-Holstein

Medienanstalt Hamburg/
Schleswig-Holstein (MA HSH)
Anstalt des öffentlichen Rechts

Rathausallee 72-76 | 22846 Norderstedt
Tel.: 040 / 36 90 05-0 | Fax: 040 / 36 90 05-55
info@ma-hsh.de | www.ma-hsh.de

Unzulässige Hetze und Propaganda: MA HSH nimmt YouTube und Facebook in die Pflicht

Die Medienanstalt Hamburg/Schleswig-Holstein (MA HSH) prüft seit 2016 verstärkt Inhalte auf Plattformen wie YouTube und Facebook. Anlass sind Hinweise Dritter oder eigene Recherchen. In den Fällen, in denen sie einen Anfangsverdacht auf Verstöße feststellt, aber kein inländischer Verantwortlicher zu ermitteln ist, wendet sie sich direkt an die Plattformanbieter, um Abhilfe zu erwirken. Auf diesem Wege erreichte sie z. B. im Jahr 2017, dass 226 explizit gemeldete YouTube-Videos für Nutzer aus Deutschland gesperrt wurden. Ein betroffenes Konto wurde sogar ganz gelöscht, elf betroffene Kanäle wurden insgesamt mit einer Regionalsperre für Deutschland versehen. Darunter befand sich ein Kanal mit über 300 kriegsverherrlichenden Propagandavideos aus der NS-Zeit.

Im August 2017 recherchierte die MA HSH systematisch Alben rechtsextremer Musiker auf YouTube – mit Fokus auf Bands und Musikern aus Hamburg und Schleswig-Holstein, deren Alben bereits von der Bundesprüfstelle für jugendgefährdende Medien (BPjM) als jugendgefährdend indiziert worden waren. Sie reizten zu Gewalttätigkeit und Rassenhass an oder verherrlichten bzw. verharmlosten den Nationalsozialismus. Die MA HSH ermittelte 112 frei zugängliche Videos mit indizierungsrelevanten Musikstücken aus indizierten Alben. Auf der Bildebene waren Kriegsszenen, Kennzeichen verfassungswidriger Organisationen oder das Albumcover zu sehen. Je nach Inhalt verstießen diese Seiten gegen §§ 4 Abs. 1 Satz 1 Nr. 2, 4 Abs. 1 Satz 1 Nr. 11, 4 Abs. 2 Satz 1 Nr. 2 i. V. m. Satz 2 oder 6 Abs. 1 Jugendmedienschutz-Staatsvertrag (JMStV). Die MA HSH wies YouTube auf die möglichen Verstöße hin. Die Videos wurden für deutsche Nutzer gesperrt.

Die MA HSH ist seit Mai 2018 Teilnehmerin am Trusted-Flagger-Programm von YouTube. Damit werden von ihr gemeldete Videos priorisiert von YouTube dahingehend überprüft, ob sie gegen die Community-Richtlinien verstoßen. Die MA HSH nutzt bei einschlägigen Kommentaren außerdem die Meldeoption nach NetzDG. Die MA HSH meldete YouTube 2018 u. a. rund 1.100 Hasskommentare wegen möglicher Verstöße gegen den JMStV oder die YouTube-Richtlinien. 580 Kommentare wurden gelöscht. Die MA HSH beteiligt sich außerdem seit Anfang Juni 2018 am „Government Reporting Channel" von Facebook. Sie meldete Facebook seitdem 100 Hasskommentare mit dem Ergebnis, dass 60 gelöscht wurden. In einem Fall wurde sogar das ganze Profil gelöscht.

Beispiel Hetzvideo auf Facebook

Die MA HSH erreichte 2018, dass Facebook ein Video entfernte, das von den Strafverfolgungsbehörden und der KJM als volksverhetzend bewertet worden war (§ 4 Abs. 1 Satz 1 Nr. 3 JMStV / § 130 StGB). Sie wandte sich an Facebook, nachdem sie alle anderen aufsichtsrechtlichen Maßnahmen gegen den in Schleswig-Holstein ansässigen Anbieter ausgeschöpft hatte.

Der Anbieter postete das volksverhetzende Video am 13. Januar 2017 in dem auf seinem Namen lautenden Facebook-Profil und machte sich dieses durch einen Kommentar zu eigen. Das Video suggerierte mit einem Mix aus Bildern und einschlägigen Zeitungsschlagzeilen, dass deutsche Frauen in Deutschland nirgendwo mehr sicher seien. Es bezeichnete Geflüchtete und Muslime einseitig als Verbrecher oder „Scheinflüchtlinge". Damit wurde die fremdenfeindliche Einstellung des Autors deutlich. Das Video enthielt zudem Kriegsszenen aus dem Historien-Film „300" und die Texteinblendung „Wisst ihr wie die alten Spartaner das geregelt haben?". Damit befürwortete der Autor Gewaltmaßnahmen gegen die angegriffenen Bevölkerungsgruppen. Durch weitere Video-Mitschnitte von Demonstrationen, „Allahu Akbar" skandierenden Menschen mit Migrationshintergrund, Szenen von Angriffen auf Polizisten und Bildern von leidenden und verzweifelnden Frauen schürte der Autor Angst und Hass gegen Geflüchtete und Muslime. Verstärkt wurde dieser Eindruck durch rote „Blutflecken", die über Bilder und Filmszenen gelegt waren.

Die MA HSH hatte in einem ersten Schritt Strafanzeige bei der zuständigen Staatsanwaltschaft gestellt und in einem zweiten Schritt ein KJM-Verfahren eingeleitet. Die Staatsanwaltschaft bewertete das Video als volksverhetzend, sah aber aus nachvollziehbaren Verfahrensgründen von der Erhebung der öffentlichen Klage ab und stellte das Verfahren im August 2018 ganz ein. Die MA HSH setzte die entsprechenden Maßnahmen im medienrechtlichen Verfahren um. Der Anbieter entfernte das Video aber trotz Beanstandung und Untersagung durch die MA HSH nicht aus seinem Profil. Da mit Blick auf die der MA HSH vorliegenden Erkenntnisse über den Anbieter nicht mehr davon auszugehen war, dass weitere Maßnahmen gegen den Anbieter erfolgreich sein würden, wandte sich die MA HSH über den „Government Reporting Channel" an Facebook. Das Video wurde umgehend entfernt.

medienanstalt mecklenburg-vorpommern

Medienanstalt Mecklenburg-Vorpommern (MMV)
Anstalt des öffentlichen Rechts

Bleicherufer 1 | 19053 Schwerin
Tel.: 0385/55881-12 | Fax: 0385/55881-30
info@medienanstalt-mv.de | www.medienanstalt-mv.de

Aufstacheln zum Hass: ein Fallbeispiel

Jugendschutz.net stieß im Rahmen der Recherchen rechtsextremer Internetangebote auf ein Angebot aus Mecklenburg-Vorpommern mit absolut unzulässigen Inhalten. Der Vorgang wurde der KJM-Geschäftsstelle zwecks Einbringung in eine KJM-Prüfgruppe übermittelt. Bei diesem Angebot handelte es sich zum Zeitpunkt der Abgabe an die KJM um die offizielle Facebook-Seite einer nationalistischen Jugendorganisation. Über dieses Webangebot verbreitete die Organisation ihre politischen Ansichten, warb um Anhänger, berichtete von der parteilichen Arbeit und gab Stellungnahmen zu aktuellen gesellschaftlichen Entwicklungen und Ereignissen ab. Die Facebook-Seite gefiel zum Zeitpunkt der Abgabe rund 6.500 Personen.

Die Vorbewertung von jugendschutz.net ergab, dass das Angebot wegen Volksverhetzung unzulässig war. Außerdem hatte der verantwortliche Anbieter keinen Jugendschutzbeauftragten für sein Angebot benannt. Hingegen lag nach Ansicht von jugendschutz.net kein Verstoß gegen die Verwendung eines verbotenen Kennzeichens vor, da die Verwendung des verbotenen Kennzeichens auf einem geposteten Bild offenkundig gerade zum Zwecke einer Kritik der verbotenen Organisation eingesetzt wurde. Der Kontext der Verwendung ergab, dass eine Wirkung auf Dritte in einer dem Symbolgehalt des Kennzeichens entsprechenden Richtung ausschied.

Die KJM-Prüfgruppenmitglieder prüften und dokumentierten in einer Live-Sichtung das Angebot und schlossen sich im Ergebnis der Vorbewertung von jugendschutz.net an. Die Flagge des sogenannten „Islamischen Staates“ als Kennzeichen der verfassungswidrigen Organisation wurde zwar verwendet, indem es optisch wahrnehmbar gemacht wurde. Aufgrund des Kontextes der Verwendung wurde ein Verstoß jedoch verneint. Das verbotene Kennzeichen wurde zur Kritik an der verbotenen Organisation verwendet. Die Darstellung auf dem Angebot war jedoch unzulässige Volksverhetzung, da sie sich gegen eine als Teil der Bevölkerung geschützte Gruppe richtete und zum Hass gegen Geflüchtete aufstachelte. Aufstacheln zum Hass ist die Einwirkung auf Emotionen oder den Intellekt, die geeignet und dazu bestimmt ist, eine gesteigerte, über die bloße Ablehnung oder Verachtung hinausgehende feindselige Haltung gegen den betreffenden Bevölkerungsteil zu erzeugen oder zu steigern. Das über die Facebook-Seite veröffentlichte Bild setzte Geflüchtete mit Terroristen gleich. Dadurch, dass Attribute von Terroristen genutzt wurden, sollten Geflüchtete nicht nur als Sicherheitsrisiko, sondern vielmehr noch als existenzielle Bedrohung dargestellt werden. Die Darstellung überschritt die Grenze auch plakativer zulässiger Äußerung der eigenen Meinung in einer die Gesellschaft wesentlich berührenden Frage.

Der verantwortliche Anbieter hatte für sein allgemein zugängliches Internet-Angebot keinen Jugendschutzbeauftragten mit der erforderlichen Fachkunde bestellt, obwohl in dem Angebot entwicklungsbeeinträchtigende/jugendgefährdende Inhalte zugänglich gemacht wurden. Die KJM-Prüfgruppe bestätigte somit den Verstoß wegen des nicht bestellten Jugendschutzbeauftragten.

Da Anhaltspunkte für das Vorliegen einer Straftat vorlagen (Volksverhetzung gemäß StGB), gab die MMV den Aufsichtsfall an die Staatsanwaltschaft ab. Die Staatsanwaltschaft teilte der MMV mit, dass sie beabsichtige, das Verfahren einzustellen, räumte der MMV jedoch die Möglichkeit zur Stellungnahme zu der beabsichtigten Verfahrensbeendigung für das Strafverfahren und das Bußgeldverfahren (RiStBV) ein. Die MMV äußerte sich in ihrer Stellungnahme dahingehend, dass sie die Auffassung der Staatsanwaltschaft hinsichtlich der Verneinung des Tatbestandes der Volksverhetzung nicht teile. Die Staatsanwaltschaft leitete daraufhin den Aufsichtsfall zur Erhebung der Anklage an das zuständige Amtsgericht weiter. Die MMV sichtete und dokumentierte das Angebot regelmäßig und stellte bei einer Überprüfung fest, dass das Angebot im Internet nicht mehr auffindbar war.

Das zuständige Amtsgericht lehnte per Beschluss den Antrag der Staatsanwaltschaft auf Erlass eines Strafbefehls ab, wogegen die Staatsanwaltschaft sofortige Beschwerde einlegte. Das Landgericht verwarf per Beschluss die sofortige Beschwerde der Staatsanwaltschaft als unbegründet. Die Rechtsmittel waren somit ausgeschöpft.

Um die Ermittlungen der Staatsanwaltschaft nicht zu behindern, hörte die MMV den Anbieter erst im Nachgang im Rahmen des Verwaltungsverfahrens an. Von der Gelegenheit, sich zu den Verstößen (Volksverhetzung und fehlender Jugendschutzbeauftragter) zu äußern, machte der Anbieter keinen Gebrauch.

Seit der letzten von der MMV dokumentierten Handlung auf dem Angebot ist das Angebot seit über sechs Monaten dauerhaft nicht mehr im Internet aufrufbar. In Anbetracht der staatsanwaltschaftlichen Mitteilung und der hiermit dokumentierten Auffassung des spätestens im Rechtsmittelverfahren zuständigen Gerichts empfahl die MMV im September 2018 der KJM, sowohl das Ordnungswidrigkeiten- als auch das medienrechtliche Aufsichtsverfahren im Hinblick auf die möglichen Verstöße einzustellen.

Medienanstalt Sachsen-Anhalt

Medienanstalt Sachsen-Anhalt (MSA)
Anstalt des öffentlichen Rechts

Reichardtstraße 9 | 06114 Halle/Saale
Tel.: 0345/5255-0 | Fax: 0345/5255-121
info@medienanstalt-sachsen-anhalt.de |
www.medienanstalt-sachsen-anhalt.de

Segeln unter falscher Flagge: wenn Anbieter strafrelevanter Inhalte ihre Verantwortlichkeit zu verschleiern versuchen

Wer in Deutschland Texte im Internet veröffentlicht, die den Holocaust leugnen oder Kennzeichen verfassungswidriger Organisationen verbreitet, verstößt nicht nur gegen Bestimmungen des Jugendmedienschutz-Staatsvertrags (JMStV). Er oder sie begeht damit auch eine Straftat. Das scheint vielen Internetnutzern immer noch nicht bekannt zu sein. Manche versuchen aber auch bewusst unter Kenntnis der Rechtslage, ihre Verantwortlichkeit zu verschleiern, indem sie Internetseiten über Anonymisierungsdienste im Ausland registrieren oder „ausländische Strohmänner" engagieren, die vorgeben für die rechtswidrigen Inhalte verantwortlich zu sein. Doch auch im globalen und vermeintlich anonymen Medium Internet sind Urheber unzulässiger Äußerungen nicht vor der Verfolgung von Verstößen geschützt. Sie können rechtlich belangt werden, sofern sie in Deutschland wohnhaft sind und ihnen die inhaltliche Verantwortlichkeit nachgewiesen werden kann. Ein solcher Fall beschäftigte unlängst die Medienanstalt Sachsen-Anhalt.

„Wenn ich Nazi bin, nur weil ich mit Leib und Seele für Deutschland einstehe, dann bin ich stolz ein Nazi zu sein!". Dieser Leitspruch rahmte einen Blog, bei dem die Vermutung bestand, aus Sachsen-Anhalt administriert zu werden. Auf dem Angebot wurden regelmäßig politisch motivierte Texte und Gedichte veröffentlicht und von Dritten kommentiert. Da das Angebot über einen Anonymisierungsdienst in den USA registriert

war, brachten die entsprechenden Whois-Informationen keinen Aufschluss über die Inhaltsverantwortlichkeit. Allerdings fanden sich im Impressum, in der Adresse des Internetangebotes und im Angebot selber Hinweise auf einen Anbieter aus Sachsen-Anhalt.

Nach intensiver Prüfung und Recherche gab die Medienanstalt Sachsen-Anhalt den Fall – mit Hinweisen auf die vermutete inhaltliche Verantwortlichkeit – an die Staatsanwaltschaft ab, da sie zu der Auffassung gelangt war, dass der Blog nicht nur gegen Bestimmungen des JMStV, sondern auch gegen Bestimmungen des StGB verstieß. So fanden sich auf dem Angebot unzulässiges Bildmaterial mit strafbaren NS-Symbolen (Hakenkreuz, Hitlergruß) sowie Texte, die den Holocaust leugneten. Auch wurde festgestellt, dass das Angebot mehrfach auf ein als jugendgefährdend indiziertes Webangebot verlinkte.

Die zuständige Staatsanwaltschaft stellte das Verfahren gemäß § 154 Abs. 1 Strafprozessordnung (StPO) ein und gab die Sache zur eigenständigen Verfolgung als Ordnungswidrigkeit an die Medienanstalt zurück.

Neben dem Ordnungswidrigkeitenverfahren hörte die Medienanstalt auch im medienrechtlichen Beanstandungsverfahren wegen Verstößen gegen §§ 4 Abs. 1 Satz 1 Nr. 2, 4 und 11 JMStV, § 7 Abs. 1 Satz 2 JMStV an.

Der Betroffene wies alle gegen ihn erhobenen Vorwürfe zurück und bestritt insbesondere Anbieter des betreffenden Telemediums zu sein. Er erklärte, der Anbieter des streitgegenständlichen Angebotes sei in den USA beheimatet. Er selber würde lediglich inhaltliche Zuarbeiten leisten. Zudem wies er auf die Aktualisierung des Impressums hin. Benannt war dort nun ein „Caspar Hauser“ in „Germantown/USA“.

Die Kommission für Jugendmedienschutz prüfte den Fall erneut. Neben den Rechtsverstößen stellte sie fest, dass der Betroffene offensichtlich in kurzen zeitlichen Abständen durchaus Einfluss auf die inhaltliche Gestaltung des Internetangebots nehmen konnte. Die KJM sah daher bei dem im Impressum benannten „Caspar Hauser“ lediglich eine Schutzbehauptung des Betroffenen, um die eigentliche Verantwortlichkeit zu verschleiern und hielt daher an dessen Anbietereigenschaft fest.

Gegen den Betroffenen wurde ein Bußgeld in Höhe von 24.750 Euro festgesetzt. Zudem wurde ihm untersagt, dass Angebot in der bestehenden Form zukünftig weiterhin zu verbreiten und auferlegt, unverzüglich einen Jugendschutzbeauftragten zu bestellen.

Gegen den Bußgeldbescheid wurde Widerspruch eingelegt. Im Rahmen des Bußgeldverfahrens verurteilte das erstinstanzliche Gericht den Betroffenen zu einer Geldbuße von 2.500 Euro. Dabei sah es die Anbietereigenschaft als gegeben an. Das Urteil wurde jedoch im Rechtsbeschwerdeverfahren aufgehoben und wegen Verfahrenshindernissen (Verjährung) eingestellt.

Im verwaltungsrechtlichen Verfahren gegen den medienrechtlichen Bescheid wies das Verwaltungsgericht die Klage ab und setzte sich intensiver mit der Anbieterproblematik auseinander. Das Gericht vertrat dabei die Auffassung, dass der Kläger entgegen dessen Behauptung auch Anbieter des Telemediums war. Er war zumindest zeitweise im Impressum als Verantwortlicher aufgeführt. Diese Angaben wurden auch erst nach der Anhörung durch die Medienanstalt Sachsen-Anhalt verändert. Auch die Vorlage einer eidesstattlichen Versicherung eines US-Amerikaners im laufenden Verfahren, dass dieser Anbieter sei, änderte nichts an der rechtlichen Beurteilung. Zwar hatte der Kläger im Rahmen der Anhörung erklärt, dass er dem US-Amerikaner lediglich zuarbeite, allerdings sah es das Gericht als erwiesen an, dass der Kläger weiterhin eine Einflussmöglichkeit auf die inhaltliche Gestaltung des Angebots hatte. Seine Zuarbeit beschränkte sich nicht nur auf eine Kommentarfunktion, sondern war vielmehr inhaltlich gestaltend. Dies sei nach Ansicht des Verwaltungsgerichts ausreichend für eine Anbietereigenschaft im Sinne des § 3 Nr. 2 JMStV. Es sei nicht erforderlich, dass der Kläger Eigentümer oder administrativer Ansprechpartner (Admin-C) des Angebots sei. Das Gericht bestätigte damit den von der KJM verwendeten weiten Anbieterbegriff, nach dem es ausreicht, dass der Betroffene die Möglichkeit zur Einflussnahme auf den Inhalt des Angebots hat. Die eingelegte Berufung wurde wegen der Nichtbestellung eines Jugendschutzbeauftragten zugelassen. Das Oberverwaltungsgericht des Landes Sachsen-Anhalt hat die Rechtsauffassung der Medienanstalt Sachsen-Anhalt bestätigt und die Berufung des Anbieters rechtskräftig zurückgewiesen, sodass die Medienanstalt Sachsen-Anhalt im medienrechtlichen Verwaltungsverfahren obsiegte. Der Blog ist mittlerweile vom Netz.

Thüringer Landesmedienanstalt (TLM)
Anstalt des öffentlichen Rechts

Steigerstraße 10 | 99096 Erfurt
Postfach 900361 | 99106 Erfurt
Tel.: 0361/211770 | Fax: 0361/2117755
mail@tlm.de | www.tlm.de

Schwerpunktanalyse der Medienanstalten 2017 zu rechtsextremen Webangeboten im lokalen und regionalen Raum

Vor dem Hintergrund der intensiven gesellschaftlichen Diskussion zur Hate-Speech-Problematik sowie ausländer- und flüchtlingsfeindlichen Angeboten im Netz führten die Medienanstalten 2017 eine Schwerpunktanalyse zu rechtsextremen Webangeboten im lokalen und regionalen Raum durch. Die Analyse zielte in erster Linie darauf, strafrechtlich relevante (rechtsextreme) Inhalte zu identifizieren, zu dokumentieren und zu verfolgen. (s. Beitrag von Dr. Thomas Voß in diesem Buch S. 76 ff.)

Da die öffentliche Diskussion des Phänomens sich überwiegend auf Einzelfälle stützte und es bis dahin kaum gesicherte Informationen zur Größe des Problems gab, nutze die Thüringer Landesmedienanstalt (TLM) die Schwerpunktanalyse, um zusätzlich fundierte Informationen über Umfang, Verteilung und Vernetzung entsprechender Angebote und Inhalte in Thüringen zu erheben.

1. Recherche und Identifikation relevanter Angebote

In ersten Schritt wurden regionale und lokale Webangebote in Thüringen identifiziert, die potenziell strafbare, unzulässige oder jugendgefährdende Inhalte aus dem rechtsextremen Spektrum erwarten ließen. Neben klassischen Internetangeboten wurden auch Profile auf Social-Media-Plattformen miteinbezogen. Geprüft wurden sowohl eigene Inhalte als auch Kommentare Dritter. Berücksichtigt wurden auch solche Angebote, deren Anbieter anonym blieben, bei denen jedoch Titel, Gestaltung, Inhalt oder Kontext dafür sprachen, dass sie einer Region bzw. einem Ort in Thüringen zugeordnet werden konnten.

Ausgangspunkte der Recherche bildeten frühere Verfahren der TLM, Einstiegsadressen von jugendschutz.net, Informationen über einschlägige Strukturen und Angebote im rechten Spektrum sowie eine Suchphrasen- und Keyword-Recherche. Ausgehend von den so ermittelten Angeboten wurde die Recherche auf Anbieter- und Seitennetzwerke erweitert, d. h., es wurden Angebote mit einbezogen, die über organisatorische Vernetzungen oder Personen miteinander verbunden sind und/oder durch Verlinkungen aufeinander verweisen.[1]

Im Ergebnis wurden 108 regionale und lokale Webangebote in Thüringen recherchiert, die potenziell strafbare, unzulässige oder jugendgefährdende Inhalte aus dem rechtsextremen Spektrum erwarten ließen. Auf Basis dieser Stichprobe lassen sich Umfang, Verteilung und Vernetzung lokaler und regionaler Webangeboten mit rechtsextremen Inhalten in Thüringen gut abschätzen.

2. Prüfung und Beschreibung der Angebote

In zweiten Schritt wurden die vorab identifizierten Webangebote anhand eines vorgegebenen Prüfrasters gesichtet und beschrieben. Bei Webseiten erfolgte eine mindestens sichtprobenartige Prüfung der verschiedenen Bereiche bzw. Rubriken. Bei Angeboten in sozialen Netzwerken wurden in der Regel Beiträge und Kommentare aus den letzten beiden Monaten gesichtet – jedoch mindestens 50 und maximal 100 Beiträge mit den zugehörigen Kommentaren. Der Prüfbericht umfasste neben formalen Variablen auch verschiedene inhaltliche Dimensionen sowie eine rechtliche Einordnung mit einer Dokumentation der entsprechenden „Fundstellen".

1 Als Vergleichsgruppe wurden zudem neun Facebook-Profile von reichweitenstarken Medienmarken in Thüringen gesichtet. Hier fanden sich jedoch keine Hinweise auf rechtswidrige oder jugendschutzrelevante Inhalte.

3. Ergebnisse der Sichtung und Prüfung durch die TLM

Das Spektrum der Angebote reichte von großen Webseiten und Fan-Pages mit mehr als 50.000 Abonnenten bis zu kleinen Profilen mit weniger als 100 Followern. Neben 16 Webseiten wurden vor allem Social-Media-Profile in den Blick genommen – darunter 16 Profile mit weniger als 1.000, 46 mit 1.000 bis 10.000 sowie neun Profile mit mehr als 10.000 Abonnenten. 17 Angebote waren zum Zeitpunkt der Prüfung bereits offline bzw. nicht mehr aufrufbar – überwiegend Seiten, gegen die die TLM bereits früher vorgegangen war.

a) Themen, Stil und Weltbild der Angebote und Kommentare

Charakteristisch für die geprüften Angebote waren eine extreme inhaltliche Fokussierung auf wenige Themen, eine breite Präsenz von Verschwörungstheorien sowie ein unsachlicher, einseitiger, zynischer, dramatisierender, beleidigender, abwertender und aggressiver Stil vieler Beiträge und Kommentare.

Die meisten Angebote drehten sich vor allem um das Thema „Zuwanderung/Migration": Bei 73 von 91 Angeboten, die zum Zeitpunkt der Sichtung noch online waren, gehörte es zu den Schwerpunktthemen der Beiträge. Es folgten die Themenbereiche „Politisches System" (bei 64 Angeboten), „Rechte Aktionen und Veranstaltungen" (bei 41 Angeboten), „Verbrechen/Straftaten" (bei 31 Angeboten), „Innere Sicherheit" (bei 20 Angeboten), „Terror/Extremismus" (bei 15 Angeboten) sowie „Soziales/Sozialwesen" (bei zehn Angeboten). Beiträge zu diesen Themenfeldern wurden dabei meist direkt mit dem Thema „Zuwanderung/Migration" verknüpft. Andere Themen spielten, wenn überhaupt, nur auf einzelnen Seiten eine Rolle. Noch ausgeprägter war die inhaltliche Fokussierung der Kommentare, die sich fast ausschließlich auf die Themenfelder „Zuwanderung/Migration", „Politisches System" „Verbrechen/Straftaten", „Rechte Aktionen und Veranstaltungen" und „Innere Sicherheit" bezogen.

Verschwörungstheorien bildeten auf den geprüften Seiten gängige, weitverbreitete Erklärungsmuster in Beiträgen und Kommentaren. Besonders häufig war dabei die These von der „gleichgeschalteten Lügen- bzw. Systempresse". Sie fand sich auf Beitragsebene bei 62 von 91 geprüften Angeboten. Dass in Deutschland abweichende Meinungen gezielt unterdrückt werden, wurde in 50 Angeboten behauptet. In 44 Angeboten gab es Beiträge, die eine Verschwörung der Eliten zulasten des „deutschen Volkes" annahmen. In 39 Angeboten war auf Beitragsebene die Rede von einer gezielten Islamisierung Deutschlands und Europas als Waffe („Migrationswaffe") und in immerhin noch 25 Angeboten wurde in Beiträgen eine gezielte Verbreitung von Geschichtslügen in Deutschland unterstellt.

Der Stil war in fast allen untersuchten Angeboten geprägt von unsachlichen, einseitigen Beiträgen: Auf 48 von 91 Seiten waren die Beiträge überwiegend, auf 30 Seiten teilweise unsachlich und einseitig. In 13 Angeboten waren die Beiträge zudem überwiegend spekulativ oder dramatisierend, in 22 Angeboten teilweise. In 13 Angeboten herrschte in den Beiträgen überwiegend ein zynischer, hämischer Ton, in 30 Angeboten teilweise. Teilweise abwertend, hasserfüllt oder verächtlich waren die Beiträge in 23, teilweise beleidigend in 16 Angeboten. Sachliche Beiträge waren dagegen die Ausnahme. Auf einigen Seiten fanden sich auch lobende, persönlich, freundliche, anpreisende Beiträge. Hier ging es vorrangig um Produkte, Dienstleitungen oder Veranstaltungen. Bei den Kommentaren waren die unsachlichen, zynischen, beleidigenden und abwertenden Äußerungen oft noch drastischer als in den Beiträgen.

b) Anfangsverdacht in 19 Fällen

Bei 19 der gesichteten Webangebote ergab sich ein Anfangsverdacht auf Verstöße gegen den Jugendmedienschutz-Staatsvertrag (JMStV). Bei elf Angeboten fand die TLM Anhaltspunkte für eine Straftat – in acht Fällen wegen volksverhetzender Inhalte, in zwei Fällen wegen Kennzeichen verfassungswidriger Organisationen, in einem Fall wegen der Legitimation von Gewalt.

18 Angebote bewertete die TLM insgesamt als jugendgefährdend i. S. d. § 18 Abs. 1 Jugendschutzgesetz (JuSchG). In den meisten Fällen ergab sich die Jugendgefährdung daraus, dass regelmäßig Beiträge und Kommentare verbreitet wurden, die zu Gewalttätigkeit und Rassenhass anreizen, Selbstjustiz nahelegen, Menschengruppen diskriminieren und die Menschenwürde verletzen. In einigen Angeboten wurde die totalitäre NS-Ideologie aufgewertet, rehabilitiert oder verharmlost oder der Krieg verherrlicht oder verharmlost. Durch Häufigkeit, Präsentation und Kommentierungen prägten die entsprechenden Inhalte die Gesamtwirkung des Angebots. Eine Relativierung durch andere Äußerungen war nicht erkennbar. Im Gegenteil wurde die Gesamtwirkung durch den Kontext und die weiteren Äußerungen noch verstärkt.

c) Einleitung von Verfahren

Die Verdachtsfälle werden von der TLM in Abstimmung mit der Kommission für Jugendmedienschutz (KJM) und den örtlichen Strafverfolgungs- und Verfassungsschutzbehörden verfolgt. Ergab sich in der Schwerpunktanalyse ein Verdacht auf strafbare Inhalte, leitete die TLM die Fälle umgehend an die zuständigen Staatsanwaltschaften weiter (s. Beitrag von Dr. Kristina Hopf in diesem Buch S. 56 ff.). Bei acht Angeboten konnte die TLM selbst einen Anbieter aus Thüringen ermitteln. Diese Fälle wurden parallel dazu in die KJM-Prüfverfahren eingespeist, um ein Verwaltungs- und Ordnungswidrigkeitenverfahren-Verfahren gegen die Anbieter einzuleiten zu können. Bei Verdacht auf jugendgefährdende Inhalte informierte die TLM zudem den Vorsitz der KJM und bat darum, bei der Bundesprüfstelle für jugendgefährdende Medien (BPjM) einen Indizierungsantrag zu stellen.

4. Die Bewertung der Staatsanwaltschaften

Von den zuständigen Staatsanwaltschaften wurden die von der TLM weitergeleiteten Angebote und Kommentare in den meisten Fällen nicht als strafbar eingestuft. Die Begründungen der Staatsanwaltschaften zur Einstellung der Verfahren zeigen, dass das Strafrecht nur bedingt geeignet ist, Hasskommentare im Internet zu verfolgen und einzudämmen. Dazu im Folgenden einige Beispiele:

a) Volksverhetzung

Geschützter Personenkreis (Angriffsobjekte)

Kommentar zu einem Beitrag über einen Prozess um eine mutmaßliche Vergewaltigung:

„Drecks nigger pack an den Galgen mit ihnen“

„Der Tatbestand der Volksverhetzung gemäß § 130 StGB ist vorliegend nicht erfüllt, da die Genannten nicht zum geschützten Personenkreis gehören. Hiervon erfasst sind

Personen wegen ihrer Zugehörigkeit zu einer nationalen, rassischen, religiösen oder durch ihre ethnische Herkunft bestimmte Gruppe, gegen Teile der Bevölkerung oder gegen einen einzelnen wegen seiner Zugehörigkeit zu einer vorbezeichneten Gruppe. Hierzu gehören jedoch nicht Straftäter, denen o. g. Straftaten zur Last gelegt werden. (...)."

Kommentar zu einem Beitrag über die Rettung von Flüchtlingen im Mittelmeer:
„Muss man sie abknallen ! Dan ist endlich Ruhe ! 😡"
„Aus der Äußerung des Beschuldigten ‚Muss man sie abknallen! Dann ist endlich Ruhe!' im Hinblick auf eine Fotografie eines offenbar vor Italien liegenden Flüchtlingsbootes mit der Unterschrift ‚Italien schlägt Alarm. NGOs arbeiten mit Schleppern zusammen' ergibt sich keine Angriffsrichtung gegen Teile der (inländischen) Bevölkerung, so dass eine Strafbarkeit der Äußerung nach § 130 StGB bereits aus objektiven Gründen ausscheidet."

Aufforderung zu Gewalt- und Willkürmaßnahmen/Aufstachelung zu Hass
(§ 130 Abs. 1 Nr. 1 StGB)

Kommentare zu einem Beitrag über einen Vorfall in einer Asylunterkunft:
„Erschießen Freunde,egal wer es ist oder war einfach Erchießen,das ist die Deutliche Ansage,"
„Erschießen Deutschland,habt ihr keine Waffen mehr??Heckler Koch hatt noch einige MP zu verfügung im Sonderangebot,sind die billiger"
„Hängt die Drecksau!"
„Schlacht ihn den Schädel ein"
„Abschalten und raus mit dem Pack"
„An die Wand und gut ist"
„Warum knallt Die keiner ab??"
„die an die 1. Frontlinie als Kanonenfutter"
„Die Kommentare ‚Erschießen Freunde, egal wer es ist...' und ‚Kriminelles Dreckspack raus' zu dem Beitrag ‚Einbrecher sticht Frau ab' sind nicht strafbar. Es wird von den Dritten zwar zu drastischen Maßnahmen aufgefordert. Die allgemein gehaltene Befürwortung von Todesstrafe und Abschiebung für (ausländische) Schwerverbrecher ist – zumal als spontan geäußerte Reaktion auf das Mordverbrechen – kein strafrechtlich relevanter Angriff auf eine geschützte Gruppe bzw. eine repräsentative Einzelperson. Denn insoweit ist nicht ersichtlich, dass (fremdländische) Schwerverbrecher eine von § 130 StGB geschützte Personengruppe sind.
Gleiches gilt für die geposteten Reaktionen (‚Erschießen Deutschland', ‚Hängt die Drecksau!', ‚Schlacht ihn den Schädel ein', ‚Abschalten und Raus mit dem Pack', ‚An die Wand und gut ist!') auf den Beitrag ‚Unglaublich aber wahr' über einen Flüchtling, der wegen fehlendem WLAN einen Mitarbeiter einer Unterkunft mit einem Messer bedroht haben soll. Als Reaktion werden von den unbekannten Usern von Facebook wohl straflos die drakonischen, finalen Strafen gefordert. Eine Strafbarkeit des Beanzeigten ist in diesem Kontext aus den o. a. Gründen nicht hinreichend sicher nachweisbar."

Beschimpfen, böswilliges Verächtlichmachen oder Verleumden
(§ 130 Abs. 1 Nr. 2 StGB)

Kommentar zu Video-Beitrag über eine Auseinandersetzung in Leipzig:
„Diese Subjekte sind einfach nur abartiger Dreck"
„Der Tatbestand des § 130 Abs. 1 Nr. 2 StGB ist vorliegend nicht erfüllt. Hierfür wäre ein Angriff auf die Menschenwürde durch Beschimpfen, böswilliges Verächtlichmachen oder Verleumden erforderlich. Die Feststellung eines Angriffs auf die Menschenwürde unterliegt hohen Anforderungen. Nach der Rechtsprechung ist es erforderlich, dass den angegriffenen Personen ihr Lebensrecht als gleichwertige Persönlichkeit in der staatlichen Gemeinschaft abgesprochen und sie als unterwertige Wesen behandelt werden, mithin ihr ‚Menschtum' bestritten, in Frage gestellt, oder relativiert wird. Eine schlichte Beleidigung, selbst wenn sie heftig und plakativ ist, reicht hierzu nicht aus."

b) Beleidigungen und Drohungen
Bei Beleidigungen und Drohungen gegen Einzelpersonen kommt hinzu, dass sie selbst in extremen Fällen nur auf Antrag der Betroffenen verfolgt werden. Auch dazu ein Zitat aus einer Einstellungsbegründung der zuständigen Staatsanwaltschaft:

Kommentare zu einem Beitrag über einen Freispruch vom Vorwurf der Vergewaltigung:
„Ich hoffe die Schlampe wird auch für ein paar Stunden von dem Dreckspack vergewaltigt... aber wahrscheinlich steht die da drauf... unglaublich.."
„Die Richterin sofort zum Freisschuss für Dreckstürken abgeben zu vergewaltigen und das sie nie wieder gehen kann"
„Soweit auf den Beitrag (...) von der Facebooknutzerin (...) in verschiedener Weise auf die betreffende Vorsitzende des involvierten Schöffengerichts geschimpft („Schlampe" etc.) worden ist, fehlt es an einem Strafantrag der Vorsitzenden. (...)"

5. Fazit und Ausblick

Die Recherchen und Prüfungen in Thüringen haben gezeigt, dass die Analyse von Seiten-Netzwerken einen guten Ansatz bietet, um mögliche Verstöße zu identifizieren, problematische Angebote im Blick zu behalten und Umfang, Art und Verteilung der Problematik abzuschätzen.

Deutlich wurde aber auch, dass die Meinungsfreiheit in Deutschland einen sehr weiten Schutzbereich hat, der deutlich weiter reicht, als in der öffentlichen Diskussion um Hasskommentare im Internet unterstellt wird. Mit Verweis auf die geltende Rechtsprechung sind Staatsanwaltschaften und Gerichte bei der Verfolgung von Straftaten in diesem Bereich zudem sehr zurückhaltend. Gerade im Bereich der Volksverhetzung fanden sich in der Analyse kaum offensichtliche Rechtsverstöße. Insofern bietet leider auch das Netzwerkdurchsetzungsgesetz (NetzDG) keine Lösung.

Wenn die Strafverfahren eingestellt werden, bleibt den Medienanstalten lediglich die Möglichkeit, eine Indizierung zu beantragen, eine Entwicklungsbeeinträchtigung festzustellen und problematische Angebote weiter zu beobachten.

III. Medienkompetenz
Ansätze und Beispiele aus den Ländern

WERTE LEBEN – ONLINE: ein Modellprojekt des JUUUPORT e.V.

Jugendliche engagieren sich für mehr Respekt im Netz

Zuwachs für JUUUPORT e.V.

Seit 2010 fördern sieben Landesmedienanstalten (NLM, LfM, LfK, LMK, MMV, brema, MSA) die Plattform www.juuuport.de, auf der Jugendliche Gleichaltrige bei Online-Problemen wie Cybermobbing oder Abzocke beraten. Neben Hilfestellungen bei solchen Problemen ist es ebenso wichtig, ihnen entgegenzuwirken. Auch hier kann Peer-to-Peer-Arbeit ansetzen, um junge Menschen für ein verantwortungsvolles Online-Verhalten zu sensibilisieren. Ergänzend zu dem Beratungsangebot verfolgt JUUUPORT e.V. mit dem Modellprojekt WERTE LEBEN – ONLINE nun auch präventive Ziele: Im Vordergrund steht die Vermittlung von gesellschaftlichen Werten für ein respektvolles Miteinander in der Onlinekommunikation – von Jugendlichen für Jugendliche. Das Projekt wird im Rahmen des Bundesprogramms „Demokratie leben!" durch das Bundesministerium für Familie, Senioren, Frauen und Jugend gefördert. Weitere Co-Förderer sind die Niedersächsische Landesmedienanstalt und die Stüllenberg Stiftung.

WERTE LEBEN
ONLINE

Gegen Hate Speech, Cybermobbing & Co. – Wertevermittlung im Netz

Bei WERTE LEBEN – ONLINE machen sich die JUUUPORT-Scouts stark für mehr Respekt, Toleranz und Mitgefühl im Netz. Mit ihren eigenen Ideen gestalten die ehrenamtlich aktiven Jugendlichen die Projektinhalte maßgeblich mit. In sieben Themenmodulen werden verschiedene negative Netzphänomene näher beleuchtet. Neben Problemen wie Hate Speech oder Cybermobbing wird ebenso ein Blick auf spezifische Kommunikationsräume und ihre sozialen Phänomene geworfen, wie z. B. Stress auf WhatsApp oder Flaming in Online-Games. Die Scouts sind dort aktiv, wo die anvisierten Probleme vorherrschen – ONLINE: Zu jedem Themenmodul gehören ein Webinar und kreative Social-Media-Aktionen, in denen die Scouts ihre Werte an andere Jugendliche weitergeben.

Per Webcam ins Klassenzimmer

In Webinaren vermitteln die Scouts vertiefendes Wissen zu den einzelnen Themenmodulen. Per Webcam schalten sie sich auf den PC oder das Tablet der Teilnehmenden und klären über die Merkmale, Gründe und Folgen negativer Netzphänomene auf. Gemeinsam mit den Teilnehmenden erarbeiten sie Tipps und Lösungen, um Problemen im Online-Alltag kritisch und selbstbewusst begegnen zu können. Die Webinare richten sich an Schulklassen (5. – 9. Klasse) und Jugendgruppen. Sie können kostenlos über www.werteleben.online gebucht werden.

Foto-Aktion auf Instagram, Twitter & Facebook

Jede*r hat eine Online-Stimme, die zählt!

Als Digital Natives engagieren sich die Scouts auch in den sozialen Medien. Auf Instagram, YouTube & Co. veröffentlichen sie ihre selbst entwickelten Social-Media-Kampagnen. Beim Social Media Camp in Hannover oder zu Hause wird dafür gefilmt, getextet, gebastelt und fotografiert. Die Foto-Aktion „Ich schaue nicht weg!" ruft z. B. andere Jugendliche dazu auf, bei Cybermobbing nicht wegzuschauen, sondern Betroffenen zur Seite zu stehen. Die kreativen Ideen reichen von Gifs und Grafiken bis hin zu Offline-Aktionen. Unter dem Motto „Scouts vs. Hasskommentare" bauten die Scouts überdimensionale Hasskommentare aus Pappkartons. Mit gemeinsamen Kräften ließen sie die Hassmauer einstürzen. Sie setzten damit ein Zeichen gegen Hate Speech und die schweigende Mehrheit im Netz. In Mitmach-Aktionen zeigen die Scouts anderen Jugendlichen, dass jede*r eine Online-Stimme hat, die zählt. Unter dem Hashtag #wertelebenonline kann jede*r eigene Posts veröffentlichen und somit ein persönliches Zeichen gegen Hass im Netz setzen. Jugendliche Nutzer*innen kommen hier mit einfachen Mitteln selbst zu Wort und entwickeln ein Bewusstsein für ihre eigene Online-Stimme. Informationen über aktuelle Mitmach-Aktionen gibt es auf www.werteleben.online.

Offline-Aktion „Scouts vs. Hass-kommentare“ in Hannover

Was tun bei (Cyber-)Mobbing?

Systemische Intervention und Prävention in der Schule

EU-Initiative klicksafe

Die Ausweitung der Kommunikation auf den digitalen Raum hat die Brisanz von Mobbing deutlich verschärft. Täter können sich jederzeit, anonym und mit einfachen Mitteln an ein riesiges „Publikum" wenden. Opfer können sich den Attacken kaum entziehen. Es entstehen ungeheuer große, quasi kontrollfreie Räume. Gleichzeitig zeigen Untersuchungen: Mobbing zwischen Kindern und Jugendlichen findet meist im Kontext Schule statt oder beginnt zumindest dort, also an einem realen Ort. Wissenschaftlichen Untersuchungen zufolge leiden in jeder Schulklasse ein bis zwei Kinder unter fortwährenden Attacken ihrer Mitschüler. Die Folgen für die Betroffenen sind gravierend. Leistungseinbrüche, Gewaltfantasien, Rückzug, Depression, Suizidgedanken und psychosomatische Reaktionen zeigen die große Belastung der Opfer.

In Klassen mit (Cyber-)Mobbing herrscht ein Klima der Diskriminierung, Demokratie als Lebensform wird täglich in Frage gestellt. Häufig gilt das Recht des Stärkeren. Bildungsinhalte, wie der Umgang mit Diversität, Erziehung zu Toleranz und Mitgefühl sind in solchen Klassen schwer zu vermitteln. Das klicksafe-Handbuch „Was tun bei (Cyber) Mobbing?" soll einen Beitrag dazu leisten, Demokratie in Klassen stärker erlebbar zu machen, Kinder und Jugendliche effektiv zu schützen und ihnen eine prosoziale Entwicklung zu ermöglichen. Diese Veröffentlichung verbindet Gewaltprävention, Mobbingintervention und Medienpädagogik miteinander. Bisher arbeiteten Pädagogen in den Arbeitsfeldern der Gewaltprävention/-intervention und Medienpädagogik eher getrennt voneinander. Doch Mobbing und Cybermobbing sind die beiden Seiten der gleichen Medaille. Zur Bearbeitung ist Expertenwissen aus der Gewaltprävention und der Medienpädagogik nötig. So haben sich klicksafe und das Mehr-Ebenen-Programm Konflikt-KULTUR zusammengetan, wechselseitig voneinander gelernt und Neues entwickelt.

Obwohl (Cyber-)Mobbing ein systemisches Problem ist, war die Intervention in Schulen bisher auf einzelne Schüler oder Teilgruppen begrenzt. Mit der Systemischen Mobbingintervention (SMI) und der Systemischen Kurzintervention (SKI) liegen im klicksafe-Handbuch zwei Interventionsmethoden vor, die im Rahmen einer gesamten Klasse eingesetzt werden können. Dies hat große Vorteile, da alle Schüler einer Klasse beteiligt sind, alle aus erster Hand dieselben Informationen erhalten, dieselbe Betroffenheit erleben und dieselben Vereinbarungen treffen können. Jeder Mitschüler kann erleben, wie Rechtfertigungen für (Cyber-)Mobbing von der Interventionsleitung entkräftet werden, Hilfsbereitschaft entsteht und Unrecht wiedergutgemacht wird. All dies erhöht die Wirksamkeit und Nachhaltigkeit. Eingebettet sind beide Interventionsmethoden in ein präventiv orientiertes, mehrtägiges Sozialtraining.

Im klicksafe-Handbuch „Was tun bei (Cyber) Mobbing?" geht es in den beiden ersten Kapiteln um Begriffsklärungen und Hintergrundwissen zum Thema Mobbing, Cybermobbing und (Cyber-)Mobbing. Insbesondere wird dabei auf die Dynamik des Mobbings und auf die Spezifika des Mobbings mit digitalen Mitteln eingegangen.

In Kapitel 3 werden vier Fälle von (Cyber-) Mobbing aus der Praxis beschrieben. Sie zeigen in knapper Form, wie man mithilfe des Systemischen Konfliktmanagements bei (Cyber-)Mobbing vorgehen kann.

In Kapitel 4 werden zwei Interventionsmethoden vorgestellt, die wissenschaftlich evaluierte Systemische Mobbingintervention (SMI) und die vielfach praxiserprobte Systemische Kurzintervention (SKI).

In Kapitel 5 wird Systemisches Konfliktmanagement (SKM) als Bestandteil von Schulentwicklung ausführlich beschrieben. Erklärt wird, wie man den Schweregrad eines Falles eruiert und die dazu passenden Interventionen findet und durchführt.

Kapitel 6 beschreibt einen fünften (Cyber-)Mobbingfall („Der Fall Nele"). Darin werden der Fall und das Vorgehen mittels Systemischen Konfliktmanagements ausführlich geschildert.

In Kapitel 7 geht es um den pädagogischen Gesamtrahmen. Alles Wissen im Umgang mit (Cyber-)Mobbing darf nicht darüber hinwegtäuschen, dass eine Intervention nur dann eine nachhaltige Wirkung entfaltet, wenn sie auf einem pädagogischen Fundament steht. Dazu zählen Mut zur Führung, Souveränität und Bedürfnisorientierung, eine klare Werte- und Normorientierung, das Fördern personaler Kompetenzen, insbesondere der Fähigkeit zur Selbststeuerung, die Einbettung der Methoden in eine Motivations- und Beziehungskultur und die Förderung von emotionaler Empathie und Mitgefühl.

In Kapitel 8 finden sich zehn ausgearbeitete Praxisprojekte zur Präventionsarbeit in Klassen oder Gruppen zu (Cyber-)Mobbing.

Diese Projekte können ohne aufwendige Vorbereitungen umgesetzt werden. Lehrkräfte, Schulleitungen, Schulsozialarbeiter, Schulpsychologen, Präventionsbeauftragte, Multiplikatoren und Fortbildner aus Schule, Jugendhilfe und Polizei erhalten methodisch-didaktische Hinweise und Hintergrundinformationen für die rein vorbeugende Arbeit.

www.klicksafe.de/cyber-mobbing
www.konflikt-kultur.de/cyber-mobbing

Salafismus Online

Propagandastrategien erkennen – Manipulation entgehen Klicksafe-Handbuch für Schule und außerschulische Jugendarbeit

EU-Initiative klicksafe und Kompetenzzentrum jugendschutz.net

Onlinepropaganda für den Dschihad, Jugendliche und junge Erwachsene, die sich dem sogenannten Islamischen Staat anschließen, Terroranschläge in Hamburg oder Berlin – der Salafismus ist eine Herausforderung für die demokratische Gesellschaft. Während dschihadistische Anschläge die Sicherheitsbehörden beschäftigen, stellen sich auch Fragen an Erziehung und Bildung. Denn salafistische Propaganda richtet sich nicht zuletzt über soziale Netzwerke im Internet an ein junges Publikum und führt nicht erst bei Gewaltbereitschaft zu Konflikten. Dort werden Jugendliche, die unabhängig von Herkunft und Religionszugehörigkeit auf der Suche nach Orientierung, Identität und Gemeinschaft sind, gezielt adressiert, um sie von den demokratiefeindlichen und menschenverachtenden Positionen des Salafismus zu überzeugen. Schulen sind Orte, an denen sich junge Menschen aus allen Teilen der Gesellschaft begegnen. Im Schulalltag spiegeln sich all jene Konflikte, die auch die Gesellschaft bewegen. Zugleich sind Schule und Unterricht ideale Orte, um Jugendliche und junge Erwachsene in ihrem Selbstverständnis als Teil der Gesellschaft zu stärken, über extremistische Ansprachen und Vorgehensweisen aufzuklären und zu sensibilisieren.

„In der universellen Präventionsarbeit geht es u. a. darum, Jugendliche und junge Erwachsene in die Lage zu versetzen, mit gesellschaftlicher Vielfalt umzugehen und diese für sich als wertvoll zu begreifen. Dazu gehört auch die Auseinandersetzung mit dem Islamischen Staat und dschihadistischer Propaganda, im Zentrum steht aber der Versuch, Bindungen an die Gesellschaft zu stärken, ein Bewusstsein für innergesellschaftliche und innerreligiöse Vielfalt zu fördern oder Rassismus-

erfahrungen aufzugreifen, ohne in eine ‚Opferideologie' zu verfallen, wie sie von Salafisten propagiert wird." Götz Nordbruch (Co-Geschäftsführer des Vereins ufuq.de)

Die Auseinandersetzung mit Salafismus im Unterricht ist für viele Lehrkräfte neu. Im Rahmen der Ausbildung von Lehrerinnen und Lehrern wird dies in der Regel nur am Rande angesprochen. Daher finden Sie im klicksafe-Handbuch „Salafismus Online" wichtige Hintergrundinformationen, die für eine Beschäftigung mit dem Salafismus von Bedeutung sind. Auch der persönliche Hintergrund von Lehrkräften kann eine Hürde sein, diese Fragen zu behandeln. So fällt es Menschen ohne Migrationshintergrund zum Beispiel oft schwer, sich in Jugendliche mit Migrationsbiografien hineinzuversetzen und deren Erfahrungen – zum Beispiel mit Diskriminierungen und Rassismus – nachzuvollziehen.

Das klicksafe-Handbuch „Salafismus Online" möchte Pädagoginnen und Pädagogen unterstützen, das Thema Salafismus im Unterricht aufzugreifen und einen Beitrag zur Prävention religiös extremistischer Einstellungen und Haltungen zu leisten.

Nach ersten pädagogischen Vorüberlegungen im *Kapitel 1* finden sich im *Kapitel 2* Hintergrundinformationen über Salafismus in Deutschland und zentrale Themen der Szene. In *Kapitel 3* wird darauf eingegangen, wie Jugendliche im Internet mit salafistischen Ansprachen in Kontakt kommen. Im Serviceteil *(Kapitel 4)* wird über Ansprechpartner und Ansprechpartnerinnen, weitere Informationsstellen und hilfreiche Internetseiten informiert. Außerdem wird erläutert, wie auf salafistische Propaganda im Netz reagiert werden kann. In Gesprächen mit Expertinnen und Experten werden einzelne Facetten des Themas vertieft. Im letzten Teil des klicksafe-Handbuchs „Salafismus Online" gibt es konkrete Vorschläge für Stundenplanungen sowie Arbeitsblätter für die praktische Arbeit mit Schülerinnen und Schülern.

Das klicksafe-Handbuch „Salafismus Online" wurde in Zusammenarbeit mit der EU-Initiative klicksafe, dem Kompetenzzentrum jugendschutz.net erstellt und herausgegeben, und von ufuq.de unterstützt.

www.klicksafe.de/salafismus

Alle klicksafe-Materialien können bestellt werden unter:
www.klicksafe.de/bestellung/

Best-Practice-Beispiele aus den Medienanstalten

Landesanstalt für Kommunikation Baden-Württemberg (LFK)

Anstalt des öffentlichen Rechts

Reinsburgstraße 27 | 70178 Stuttgart
Tel.: 0711/669910 | Fax: 0711/6699111
info@lfk.de | www.lfk.de

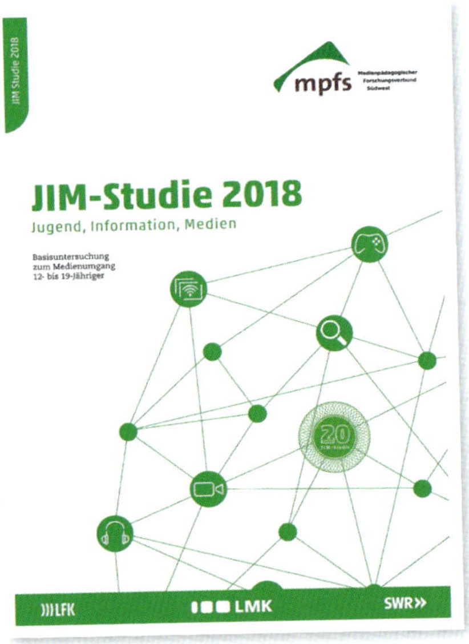

Die Landesanstalt für Kommunikation (LFK) hat die gesetzlich verankerte Aufgabe Medienkompetenz zu vermitteln, um die Bürgerinnen und Bürger im Umgang mit Medien zu unterstützen. Einen besonderen Schwerpunkt setzt die LFK mit ihrem Engagement in der Forschung. Seit 20 Jahren untersucht der Medienpädagogische Forschungsverbund Südwest, dessen Geschäftsstelle bei der LFK liegt, die Mediennutzung von Kindern (KIM-Studie) und Jugendlichen (JIM-Studie). Die bundesweit angelegten repräsentativen Studienreihen sind eine wichtige Grundlage für medienpädagogische Aktivitäten, aber auch in Politik, Bildung und Prävention. Ausgehend von den Lebenswelten von Kindern und Jugendlichen unterstützt die LFK innovative Medienkompetenzprojekte im Land und stärkt die medienpädagogische Landschaft in Baden-Württemberg.

Die aktuelle JIM-Studie belegt erneut die zentrale Bedeutung des Smartphones und mobiler Dienste und Plattformen im Leben von Kindern und Jugendlichen. Jugendliche hierbei zu begleiten und kompetent zu beraten übernimmt das Angebot Handysektor. Mit dem Peer-to-peer-Ansatz der Aktion Jugendschutz (ajs) wird deutlich, dass auch in der Jugendhilfe Medienerziehung einen wichtigen Stellenwert haben muss und hierbei auch auf die Jugendlichen selbst als Experten und Berater zurückgegriffen werden kann.

Hilfe für den digitalen Alltag: handysektor

Lern-Apps, E-Sport, Gaming, Insta-Stories, Nachhilfe im Netz, Künstliche Intelligenz ... Die Themen auf www.handysektor.de sind so vielfältig wie die digitale Welt selbst.

Als unabhängige Anlaufstelle für den digitalen Alltag von Jugendlichen unterstützt Handysektor bei Fragen oder Problemen mit digitalen Medien und liefert Tipps und kreative Ideen rund um Smartphones, Tablets und Apps. Zielsetzung von Handysektor ist es, Jugendliche (12 bis 19 Jahre) für eine sichere und selbstbestimmte Nutzung von mobilen Medien fit zu machen. Themen wie Cybermobbing, Sexting, Datenschutz, exzessive Nutzung, Kostenfallen und Verbraucherrechte spielen dabei ebenso eine Rolle, wie konkrete Nutzungstipps und digitale Hilfestellungen rund um die Bereiche Lernen und Hobbys. Dabei gibt es keine Verbote oder den erhobenen Zeigefinger. Die Jugendlichen sollen gut informiert und kompetent selbst entscheiden können, wie sie mit digitalen Medien umgehen wollen.

Handysektor unterstützt somit insbesondere junge Bürgerinnen und Bürger dabei, die Chancen digitaler Medien auszuschöpfen und ihre Risiken einzuordnen. Bspw. werden unter der Rubrik „Dein Vertrag mit Instagram“ die Nutzungsbedingungen kurz und verständlich erklärt.

Zur Kommunikation mit Jugendlichen sind die Social-Media-Kanäle – insbesondere Instagram und YouTube – ein wichtiger Bestandteil des Projekts. Hier finden die User auf ihre Bedürfnisse und Nutzungsgewohnheiten zugeschnittenen „Snack Content“. Das heißt, ein Thema wird kurz, zum Beispiel in Form animierter GIFs, Kurzvideos, Infografiken und Cinemagraphs, angesprochen und mit tiefergehenden Informationen verlinkt. Um mit den Jugendlichen in Interaktion zu treten, gibt es mit „Handysektor-Kim“ eine eigene Influencerin, die als Redakteurin und Medienpädagogin mit einer persönlichen Ansprache die relevanten Kanäle bespielt.

Handysektor ist ein Projekt der Landesanstalt für Medien NRW und des von LFK und LMK getragenen Medienpädagogischen Forschungsverbundes Südwest (mpfs).

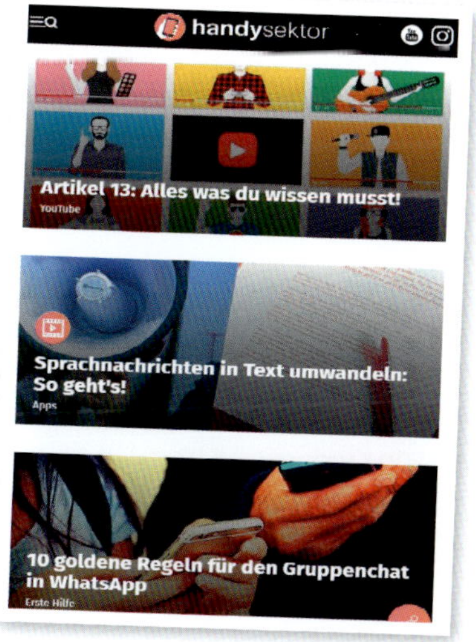

ajs Medienscouts Jugendhilfe

Bedingt durch den selbstverständlichen Umgang von Kindern und Jugendlichen mit digitalen Medien stehen Einrichtungen der Jugendhilfe vor neuen pädagogischen Herausforderungen. Eine Möglichkeit diesen zu begegnen sind medienpädagogische Peer-Education-Projekte. Seit 2015 schult die Aktion Jugendschutz Landesarbeitsstelle Baden-Württemberg (ajs) in Kooperation mit der Landesanstalt für Kommunikation Baden-Württemberg (LFK) jugendliche Medienscouts, die im Anschluss Peer-Projekte für andere Kinder und Jugendliche durchführen.

Das Angebot richtet sich gezielt an Einrichtungen, die Hilfen zur Erziehung bieten. In diesem Arbeitsfeld findet das Thema Medienerziehung insbesondere in Hinblick auf digitale Medien nach wie vor zu wenig Beachtung. Doch gerade die dort betreuten Kinder und Jugendlichen haben aufgrund sozialer Benachteiligungen und ihrer familiären Situation oft einen erhöhten Bedarf an pädagogischer Begleitung ihrer Mediennutzung.

Im Rahmen des Angebots werden in den Einrichtungen verschiedene Maßnahmen umgesetzt:

- *Medienpädagogische In-House-Seminare für Fachkräfte*
  Die Fachkräfte bekommen einen aktuellen Überblick zum Mediennutzungsverhalten von Kindern und Jugendlichen und können ihre Erfahrungen einbringen und diskutieren.
- *Schulungen jugendlicher Medienscouts*
  Die 20-stündigen Medienscout-Schulungen sind in fünf Modulen organisiert. Zu Beginn und zum Ende stehen Module zur Rolle und Aufgabe der Medienscouts auf dem Programm. An weiteren Terminen arbeiten die Jugendlichen zu den Themen Internetnutzung und Smartphones. Dabei werden Fragen nach dem Schutz persönlicher Daten und dem Umgang miteinander in digitalen Kommunikationsnetzen diskutiert. Darüber hinaus wird in der Gruppe daran gearbeitet, wie Kinder und Jugendliche mit Gewaltphänomenen wie Cybermobbing oder Hate Speech souverän umgehen können.
- *Peer-Projekte der Medienscouts*
  Im Anschluss planen und organisieren die Medienscouts Peer-Projekte für andere Kinder und Jugendliche und führen sie mit Unterstützung der Fachkräfte durch. Diese stehen bei der Organisation und bei auftretenden Schwierigkeiten zur Seite.

Das Angebot setzt bewusst auf den Ansatz der Peer-Education, da Jugendliche Expertinnen und Experten ihrer eigenen Mediennutzung sind und ihr Wissen zum Thema einbringen können. Für eine erfolgreiche Umsetzung dieses Ansatzes brauchen sie die Unterstützung der pädagogischen Fachkräfte und ein Klima zur Förderung von Medienkompetenz. Da die Schulungen der Medienscouts mehr und mehr durch die Fachkräfte der Einrichtungen übernommen werden, kann eine nachhaltige Verankerung des Themas in den pädagogischen Konzepten und im Gruppenalltag erreicht werden. Die beteiligten Fachkräfte berichten, dass sie sensibler für den Medienumgang der Jugendlichen geworden sind. Im Gegenzug werden sie von diesen mehr als bisher als Ansprechpersonen bei auftretenden Schwierigkeiten wahrgenommen. Bei Jugendlichen, die in der erzieherischen Jugendhilfe betreut werden, ist aufgrund individueller Belastungen das Gefühl der Selbstwirksamkeit und des eigenen Selbstwertes oft eingeschränkt. Dass viele der Jugendlichen die Schulungen und anschließende Umsetzung der Peer-Projekte von Anfang bis Ende durchhalten, ist eine oftmals neue und im positiven Sinne ungewöhnliche Erfahrung für alle Beteiligten.

Beispielsweise fasst ein Medienscout der Oberlin-Jugendhilfe in Reutlingen ihre Erfahrung so zusammmen:

„Ich bin vorsichtiger und skeptischer im Umgang mit sozialen Medien geworden. Zum Beispiel was Freundschaftsanfragen angeht. Die nehme ich nicht mehr ohne weiteres an, sondern versuche erstmal herauszufinden, mit was für einem Menschen ich es da zu tun haben könnte. Ich bin zudem vorsichtiger, was ich Menschen im Internet schreibe, poste und was ich von mir preisgebe. Alles wird immer irgendwo gespeichert und ich kann nicht immer abschätzen, ob mein Gegenüber es vielleicht an andere Personen weitergibt oder verschickt. Bei unpassenden Kommentaren oder schlechten Späßen, die ich im Internet sehe, bin ich sensibler geworden. Solche Dinge beschäftigen mich nachhaltig, da sie für die betreffende Person verletzend sein können."

Auch extremistische Inhalte sieht sie als Problem:

„Extremistische Inhalte richten sich über Medien gezielt an Jugendliche. Dabei sehe ich die Gefahr, dass Jugendliche beeinflussbarer sind als Erwachsene und darauf reinfallen können. Sie sind nicht geschützt. Die Gefahr von Cybermobbing ist sehr hoch und nahezu jeder Jugendliche hatte schon einmal Berührung mit dem Thema. Da alle Jugendlichen in sozialen Netzwerken unterwegs sind werden sie auch angreifbar oder bekommen die Möglichkeit, andere anzugreifen."

Das Medienscout Angebot wird von 2015 bis 2019 an insgesamt neun Einrichtungen umgesetzt. Dabei konnten bis Ende 2018 knapp 150 Medienscouts und 300 Fachkräfte erreicht werden.

ajs MEDIENSCOUTS JUGENDHILFE

Bayerische Landeszentrale für neue Medien

Bayerische Landeszentrale
für neue Medien (BLM)
Anstalt des öffentlichen Rechts

Heinrich-Lübke-Straße 27 | 81737 München
Tel.: 089/638080 | Fax: 089/63808140
blm@blm.de | www.blm.de

Aktivitäten gegen Mobbing und Hass im Netz in Bayern

Fachtagung informiert über Hass und Extremismus im Netz

Der Bayerischen Landeszentrale für neue Medien (BLM) ist es wichtig, zur Prävention gegen Hass, Mobbing und Extremismus im Internet beizutragen. Gerade in politisch unruhigen Zeiten oder vor Wahlen steht die Gesellschaft vor besonderen Herausforderungen. Durch die Inszenierung von politischen Parteien in Social-Media-Angeboten hat sich der Prozess der Meinungsbildung, vor allem bei jungen Erstwählern, verändert. „Meinungsbildung ist heute eine Herausforderung: Neben den klassischen Medien bietet das Internet eine Vielzahl an Informationen. Es ist nicht immer leicht, das richtige Angebot herauszufiltern, Wahrheit von Unwahrheit zu unterscheiden und sich mit extremen Standpunkten auseinanderzusetzen. Der BLM war es ein großes Anliegen, pädagogisch Tätigen im Rahmen einer Fachtagung Informationen und Anregungen zum Thema zu geben“, so Siegfried Schneider, Präsident der BLM.

Siegfried Schneider, Präsident der BLM

Interdisziplinäre Perspektive auf politische Meinungsbildung

Die einmal im Jahr stattfindende Fachtagung Jugendschutz und Nutzerkompetenz der BLM beschäftigte sich 2018 mit dem Thema „#Politainment – Wie bilden sich Jugendliche eine Meinung?“. Die Veranstaltung zählte mehr als 150 Teilnehmende aus Schule, Medien, Behörden, Jugendarbeit und Universitäten. Sie erhielten Einblicke in die Pro-

Fachtagung „#Politainment – Wie bilden sich Jugendliche eine Meinung?“

zesse der politischen Meinungsbildung in digitalen Medien und in Jugendschutzaspekte bezüglich politischem Extremismus im Netz.

Die BLM stellte aktuelle Beispiele von Jugendschutzverstößen insbesondere aus dem Spektrum des Rechtsextremismus vor. Dabei wurde verdeutlicht, wie rechte Gruppen vorgehen, um mediale Aufmerksamkeit für ihre Hassbotschaften zu erzielen. Es wurde aufgezeigt, was die Landesmedienanstalten gegen Extremismus im Netz unternehmen können und wie notwendig es ist, dem Hass im Netz entgegenzutreten.

Neben der Fachtagung Jugendschutz und Nutzerkompetenz veranstaltet die Bayerische Landeszentrale für neue Medien (BLM) auch jährlich die Fachtagung des Forums Medienpädagogik, die aktuelle Themen der Medienpädagogik aufgreift. Sie widmete sich bereits 2014 dem Thema Cybermobbing.

Die Fachtagung beleuchtete das Thema aus interdisziplinärer Perspektive und ließ Jugendliche selbst zu Wort kommen. Zwei Landesschülersprecher diskutierten mit dem Fachpublikum und Lehrervertreterinnen und -vertretern über die Herausforderungen der Politischen Bildung in der Schule durch die neuen Medien. In einem Einspielfilm wurde eine eigens für die Fachtagung durchgeführte Umfrage an einem Münchner Gymnasium über das Informationsverhalten der Jugendlichen vorgestellt. Die Fachtagung bot die Möglichkeit, in kurzer Zeit ein aktuelles Bild über ein so zentrales Thema zu erhalten.

Medienführerschein Bayern bietet kostenlose medienpädagogische Materialien

Pädagogisch Tätige sind zunehmend gefordert, Cybermobbing zu begegnen und Kinder und Jugendliche bei einem verantwortungsvollen Umgang mit Medien zu begleiten. Der Medienführerschein Bayern unterstützt dabei, das Thema altersgerecht aufzugreifen. Je nach Zielgruppe stehen in den Materialien unterschiedliche Aspekte im Vordergrund: Grundschülerinnen und -schüler beschäftigen sich mit dem Thema Onlinekommunikation und lernen, Gefahren im Netz zu erkennen und zu vermeiden. In höheren Jahrgangsstufen setzen sich Jugendliche verstärkt mit Cybermobbing in Social-Media-Angeboten auseinander. Für Berufliche Schulen ist das Thema mit Bezug auf Auszubildende und ihren Einstieg ins Berufsleben aufbereitet. Bei der außerschulischen Jugendarbeit analysieren ehrenamtliche Jugendleitungen Gruppendynamiken bei verletzendem Online-Handeln und lernen Handlungsstrategien kennen.

Blick ins Material „Ich im Netz II – Cybermobbing in sozialen Netzwerken thematisieren und vorbeugen“ (6. und 7. Jahrgangsstufe):

Ausgangspunkt der 90-minütigen Unterrichtseinheit sind ein Einstiegsfilm und das Sammeln von Erfahrungen der Schülerinnen und Schüler mit Social-Media-Angeboten. Mit einem digitalen Element können die Jugendlichen ein Netzwerk-Profil erstellen: Aus einem Repertoire wählen sie Fotos, Posts und persönliche Informationen aus, die sie veröffentlichen würden. Danach sehen sie Kommentare zu den gewählten Inhalten. Die Jugendlichen reflektieren, was positive beziehungsweise negative Gefühle bei ihnen auslöst. Im Anschluss wird das Thema Cybermobbing vertieft. Die Schülerinnen und Schüler erhalten Tipps, was man als Betroffener tun kann und wie sich Personen verhalten sollten, die einen Konflikt beobachten.

QR-Code zum Filmclip

Kostenloses Materialpaket für verschiedene Zielgruppen

Der Medienführerschein Bayern ist eine 2009 gegründete Initiative der Bayerischen Staatsregierung und wird von der Bayerischen Staatskanzlei finanziert. Die Stiftung Medienpädagogik Bayern koordiniert die Initiative und verantwortet die inhaltliche Entwicklung. Sie ist Herausgeberin der kostenlosen Materialien für Kindergärten, Schulen und die Aus- und Fortbildung von Jugendleitungen. Für jede Zielgruppe stehen Module zu unterschiedlichen medienpädagogischen Themen zur Verfügung. Alle Module sind so konzipiert, dass sie ohne Schulung eingesetzt werden können. Ein Modul beinhaltet:

- Ideen und Anregungen für die pädagogische Praxis;
- Materialien, wie Vorlagen für Schaubilder, Handouts oder Arbeitsblätter;
- digitale Elemente, wie Film-Clips, interaktive Grafiken oder computerbasierte Aufgaben;
- Hintergrundinformationen;
- Informationen zu weiterführenden Materialien und Projekten.

Weitere Informationen unter
www.medienfuehrerschein.bayern/

Die gemeinnützige Stiftung Medienpädagogik Bayern wurde 2008 von der Bayerischen Landeszentrale für neue Medien (BLM) gegründet. Sie versteht sich als Dachmarke für Medienkompetenz in Bayern und unterstützt Kinder, Jugendliche und Erwachsene, fit für die digitale Zukunft zu werden.
www.stiftung-medienpaedagogik-bayern.de

Medienpädagogisches Referentennetzwerk Bayern – Angebot für Eltern

Mit dem Referentennetzwerk unterstützt die Stiftung Medienpädagogik Bayern bayerische Bildungseinrichtungen wie Kindergärten, Schulen oder Familienzentren bei der Planung und Durchführung von medienpädagogischen Elternabenden zu Themen wie Cybermobbing. Für die Vorträge stellt sie kostenfrei Referentinnen und Referenten zur Verfügung. Das Projekt wird von der Bayerischen Staatskanzlei gefördert.
www.stiftung-medienpaedagogik-bayern.de

mabb_

Medienanstalt Berlin-Brandenburg (mabb)
Anstalt des öffentlichen Rechts

Kleine Präsidentenstraße 1 | 10178 Berlin
Tel.: 030/2649670 | Fax: 030/26496790
mail@mabb.de | www.mabb.de

„Die Internet-Ritter: vereint im Kampf für ein faires Netz!“

kijufi – Landesverband Kinder- & Jugendfilm Berlin e. V.

Im Rahmen der von der mabb geförderten Netzwerktagung „Medienkompetenz stärkt Brandenburg“ und des gleichnamigen Förderpreises 2017 war das Projekt „Die Internet Ritter: vereint im Kampf für ein faires Netz!“ eines der ausgezeichneten Gewinnerprojekte, da es die Jury durch seinen Präventionscharakter und die gleichzeitige Entwicklung von Medienkompetenz auf ganzer Linie überzeugen konnte.

Das Modellprojekt kombiniert beispielhaft kulturelle und politische Medienbildung für die Zielgruppe 9- bis 12-jähriger Schülerinnen und Schüler. Es bietet den Teilnehmenden sowie Lehrkräften exemplarisch die Gelegenheit zum zivilgesellschaftlichen Engagement im Netz, macht sie nachhaltig fit für den Umgang mit digitaler Gewalt und stärkt ihr Selbstvertrauen sowie die psychische Widerstandsfähigkeit gegenüber verletzenden Kommentaren im Netz.

Die Lehrkräfte und Schülerinnen und Schüler lernen an zwei Workshoptagen die Begriffe Hassrede und Cybermobbing an praktischen Beispielen kennen. Der partizipative, prozess- und handlungsorientierte Aufbau der Workshops leistet einen wichtigen Beitrag zur Medienkompetenzförderung sowie zur Entwicklung eines zivilgesellschaftlichen Bewusstseins und der notwendigen Handlungskompetenz.

Das Besondere an dem Projekt ist, dass es sich bei den in den Workshops thematisierten Kommentaren um „echte“ Kommentare handelt, die die Kinder direkt betreffen – da sie sich auf Filme beziehen, die die Kinder im Rahmen des Kinderrechte-Filmfestivals selbst produziert haben. In einem Folgeprojekt sollen besonders engagierte „Internet-Ritter“ an den beteiligten Schulen weiterqualifiziert werden, um nach dem Prinzip der Peer-Education ihr Wissen an andere Schülerinnen und Schüler weitergeben zu können.

Anliegen und Ziel ist die Erarbeitung einer Gegenrede (Counterspeech), welche die Schülerinnen und Schüler unterstützt, selbstständig gegen verletzende Kommentare aktiv vorzugehen. In den Workshops nähern sich die Schülerinnen und Schüler auf spielerische Weise – z. B. durch Rollenspiele oder Quiz – der Aufgabe. Sie erarbeiten in einem nächsten Schritt selbstständig Gegenkommentare, entwickeln gemeinsam Gegenstrategien und präsentieren und bewerten am Ende des Workshops gemeinsam ihre Ergebnisse. Sie entscheiden abschließend kollektiv, welche Kommentare sofort gelöscht werden und zu welchen eine Gegenrede erfolgt.

Dadurch, dass mehrere Klassen zu Internet-Rittern ausgebildet werden, sind die Internet-Ritter perspektivisch im Übergewicht, sodass jedem unangemessenen Kommentar sofort von unzähligen Internet-Rittern geantwortet und so der Verfasser des Kommentars in seine Schranken gewiesen werden kann. Am Ende posten die Schülerinnen und Schüler eigenständig über die YouTube-App ihre Kommentare mit den iPads.

Das Projekt bietet somit wertvolle Ansätze zur Entwicklung von Medienkompetenz und leistet zugleich einen wichtigen Präventionsbeitrag für einen respektvollen Umgang im Internet.

Präventionsprojekt „(Cyber-)Mobbing – Aufgeklärt“

Media To Be | M2B e. V., gemeinnütziger Verein zur Förderung und Jugendhilfe

Der Media To Be | M2B e. V. engagiert sich seit dem Jahr 2012 mit dem von der mabb geförderten Präventionsprojekt „(Cyber-) Mobbing – Aufgeklärt!“ gegen Hassrede im Netz und hat als Leitziel die Toleranzerziehung und die soziale Integration von Schülerinnen und Schülern. Zudem ermöglicht es die Präventionsarbeit über eine aktive und kreative Gestaltung durch die Zielgruppe selbst.

Die Bearbeitung des Themas Cybermobbing dient als Ausgangspunkt, um die Akzeptanz von Schülerinnen und Schülern untereinander zu fördern. Durch die Methode der aktiven Medienarbeit setzen sich Kinder und Jugendliche (6. – 9. Klasse) aus Cottbus und Umgebung mithilfe des Mediums Video zunächst auf einer theoretischen Ebene mit dem Thema Mobbing auseinander und erarbeiten Handlungsmöglichkeiten. In einer aktiv-kreativen Videoproduktionsphase werden dann Kurzfilme produziert, in denen die Arten des Cybermobbings filmisch dargestellt werden. Die Kinder und Jugendlichen

Die teilnehmenden Kinder beim Brainstorming für ihren Film

erlangen so vielfältige Medienproduktionskompetenzen und erwerben durch die Reflexion der Mobbingsituationen Kompetenzen im Umgang mit diesen. Sie sind durch die Videoarbeit aktiv an den Prozessen beteiligt und können ihre Handlungen im Spiel bzw. in der Darstellung direkt reflektieren. Perspektiven von Opfer und Täter werden spielerisch deutlich und es findet eine direkte Auseinandersetzung mit der Situation statt. Die Kinder und Jugendlichen werden so von Medienkonsumenten zu Medienschaffenden und erhalten hierfür das nötige Handwerkszeug. Das Projekt vereint somit im Besonderen Präventionsarbeit und Medienkompetenzförderung, welche wiederum wesentlich ist für einen sicheren Umgang im Internet.

Die selbstständig produzierten Filme werden auf einem Filmfestival in Cottbus präsentiert und können somit in einem großen Rahmen diskutiert werden und erlangen eine größere Aufmerksamkeit. Um weitere Schülerinnen und Schüler sowie das Lehrpersonal hinsichtlich der Problematik Cybermobbing zu sensibilisieren und die Ergebnisse des Projekts vorzustellen, gibt es eine ergänzende Schultour. Um auch das Lehrpersonal zu befähigen, eigene Medienprojekte selbstständig realisieren zu können, werden Handyvideo-Workshops durchgeführt. Neben dem Lehrpersonal werden schließlich auch die Eltern eingebunden, indem in der Nachbereitungsphase des Projekts Elternversammlungen und Multiplikatorenschulungen für Fachpersonal stattfinden.

Eine Besonderheit des Projekts ist, dass auch interessierte Schülerinnen und Schüler zu Multiplikatoren ausgebildet werden, um so in der Peer-Education als Ansprechpartner für Klassenkameraden und Lehrkräfte bei Cybermobbingfällen kompetent agieren zu können.

Das Projekt vereint somit eine Vielzahl von Projekt- und Kooperationspartnern und

Film ab – die Kinder drehen ihren ersten eigenen Film.

erreicht mit seiner Arbeit eine große Zielgruppe. Der Handlungsort Schule ermöglicht als Zentrum des gemeinschaftlichen Lernens und Lebens einen geeigneten Raum, um das Thema Cybermobbing intensiv zu bearbeiten.

Der Erfolg des Präventionsprojekts überzeugte auch mehrere Preisjuroren. So gewann das Projekt 2012 den Landespräventionspreis des Landespräventionsrates Brandenburg, 2013 den Toleranzpreis des Cottbuser Aufbruchs, 2014 den Förderpreis „Medienkompetenz stärkt Brandenburg" der mabb und des MBJS sowie ebenfalls 2014 den Dieter-Baacke-Preis, die bundesweite Auszeichnung für medienpädagogische Projekte in der Kategorie „Projekte mit besonderem Netzwerkcharakter".

Letzter Schritt: Der Film wird geschnitten.

(bre(ma Bremische Landesmedienanstalt

Bremische Landesmedienanstalt
(bre(ma
Anstalt des öffentlichen Rechts

Richtweg 14 | 28195 Bremen
Tel.: 0421/334940 | Fax: 0421/323533
info@bremische-landesmedienanstalt.de
www.bremische-landesmedienanstalt.de

Goldene Regeln fürs Netz

Materialien für ein besseres Miteinander – auch im Internet

Zivilcourage ist eine wichtige Grundlage für das gesellschaftliche Miteinander. Das sollte auch im Internet gelten. Gerade auf sozialen Plattformen lässt sich in letzter Zeit jedoch eine Verrohung der Sprache im digitalen Miteinander beobachten. Mit der Kampagne „Goldene Regeln fürs Netz" setzt sich die Bremische Landesmedienanstalt, zusammen mit dem ServiceBureau und der Initiative „Tu was, zeig Zivilcourage!", für eine respektvolle und bewusste Internetnutzung ein.

Ihren Ursprung haben die Goldenen Regeln fürs Netz in einem medienpädagogischen Workshop, den wir am Safer Internet Day an einer Berufsschule durchgeführt haben. Die Schülerinnen und Schüler haben dabei ihre Visionen einer idealen digitalen Zukunft vorgestellt und Verhaltensregeln für ein couragiertes demokratisches Miteinander im Netz erarbeitet. Die Ergebnisse waren so gut, dass sie die Grundlage folgender sechs Goldenen Regeln für Netz gebildet haben: Schau nicht weg! Kein Hass! Zeig Respekt! Steh Betroffenen zur Seite! Bleib fair! Bezieh Position! Diese sechs Verhaltensregeln für mehr Netiquette und Zivilcourage im Netz wurden auf Poster, Flyer und Aufkleber gedruckt und an Schulen aus der Region verteilt.

Für die Förderung von Zivilcourage im Internet wurde unser Projekt „Goldene Regeln fürs Netz" im Rahmen des Grimme Online Award mit dem klicksafe-Preis für mehr Sicherheit im Internet ausgezeichnet.

Mehr Infos dazu finden Sie hier:
www.bremische-landesmedienanstalt.de/goldene-regeln-fuers-netz

#Hey, ich schwöre, das stand so im Netz!

Interview zum Workshop

Jedes Jahr prämiert die Bremische Landesmedienanstalt mit dem Preis „Das Ruder" innovative und nachhaltige Projektideen zur Förderung von Medienkompetenz. Gewonnen hat auch das Workshop-Konzept #Hey, ich schwöre, das stand so im Netz! Das Interview mit den beiden Initiatoren, Markus Gerstmann (Medienpädagoge, Service-Bureau Jugendinformation) und Lisa Hempel (Fachreferentin im Bereich Rechtsextremismus, LidiceHaus), verdeutlicht den Werdegang des Projektes.

Worum geht es bei „#Hey, ich schwöre, das stand so im Netz!"?

MG: Mit dem Projekt haben wir ein Workshop-Konzept gegen Rechtsextremismus und Hass im Netz entwickelt, um eine digitale Zivilgesellschaft zu stärken und besonders Jugendliche fit zu machen. Sie sollen auf Fake News reagieren, diese entschlüsseln und die Codes erkennen. Es ist inzwischen leider wieder üblich, sich rassistisch und menschenverachtend zu äußern – auch und im besonderen Maße in sozialen Netzwerken. Also haben wir ein Workshop-Modul zu diesen Themen entwickelt und uns damit für den Ruder-Preis beworben.

das ruder
DER MEDIENKOMPETENZ-PREIS
FÜR BREMEN UND BREMERHAVEN

... und gewonnen. Den Medienkompetenz-Preis vergibt die (bre(ma an vielversprechende Projektideen, die mit dem Preisgeld umgesetzt werden können. Wie ging es nach der Verleihung bei euch weiter?

LH: Mit dieser Anschubfinanzierung durch den Ruder-Preis konnten wir die Idee umsetzen, weiterentwickeln und darüber mit anderen Partnern ins Gespräch kommen. So konnten anschließend noch weitere ergänzende Workshop-Module konzipiert werden. Ohne diese erste Finanzierung hätten wir aber gar nicht die Ressourcen gehabt, damit zu starten. Der Ruder-Preis war ganz klar ein Ermöglicher.

Wie genau sah der Workshop aus, den ihr durchgeführt habt?

MG: Es gab ein kurzes Warm-up, damit die Jugendlichen in das Thema rein kommen, dann können sie selber mit iPads Fake News produzieren und mit der Erkenntnis „Das kann ja jeder unproblematisch und ganz schnell machen", kommen sie sofort in die Diskussion „Was können wir denn noch glauben?". Sie merken dann selber „Oh, dann lesen ja alle diese Fake-Nachricht, die ich gerade gepostet hab, und das kann andere verwirren, also müssen wir das wieder löschen". Das ist viel nachhaltiger, als wenn ein Erwachsener mit dem Zeigefinger kommt und sagt „So müsst ihr das machen". Wir wollen mit den Schüler*innen nicht nur auf intellektueller Ebene arbeiten, sondern sie vor allem emotional ansprechen. In der rechten Gehirnhälfte wird eben das Kreative, das Emotionale gereizt. Das ist unser Ansatz. Genau so funktionieren ja auch Fake News: gefühlte Wahrheiten, die man in der Regel nur sehr schwer durch Faktenwissen prüfen kann. Daher geben wir den Jugendlichen auch Analyseinstrumente an die Hand, wie sie Fake News erkennen können und wie diese wirken.

Lisa hat gerade erwähnt, dass ihr noch mehr Workshop-Module entwickelt habt. Was hat es damit auf sich?

LH: Die Idee war, mit „#Hey, ich schwöre…“ diese Art von Workshops auszuprobieren, um dann weiter dran arbeiten zu können und das Projekt auszubauen. Daraus ist dann „#denk_net“ entstanden. Das wird jetzt auch über zwei Jahre vom Bundesprogramm „Demokratie leben!“ unterstützt. Das ist ein Modellprojekt, für das wir zehn verschiedene Workshop-Module, von denen auch „#Hey, ich schwöre…“ ein Teil ist, zu Fake News, Verschwörungstheorien, Hate Speech, Lügenpresse und anderen ähnlichen Themen entwickelt haben. Wir wollen über die Auseinandersetzung mit rassistischer Hetze im Netz, mit intoleranten Strukturen und übergriffigem Verhalten Jugendliche stark machen, sie ermutigen, an Diskussionen teilzunehmen, sich einzumischen und einzutreten für demokratische, menschenrechtsorientierte Werte.

Mehr Infos dazu finden Sie hier:
www.bremische-landesmedienanstalt.de/2016
https://denk-net.info

Das Theaterstück „Netzspannung“

Eine Reportage

Es wird dunkel, die Kulisse leuchtet grün, Ruhe, Spot an: „Moin!“ Auf der Bühne stehen Michaela Uhlemann-Lantow und Jana Köckeritz vom Verein Wilde Bühne Bremen. Im Publikum befinden sich etwa 120 Bremer Schülerinnen und Schüler der 6. Klasse samt Lehrkräften. Sie sind da, um sich „Netzspannung“ anzusehen, ein interaktives Theaterstück, das neben Cybermobbing auch Themen wie Online-Glücksspiel, Sexting, Gewaltvideos im Netz oder Internetsucht behandelt.

„Wie alt wart ihr, als ihr euer erstes Smartphone bekommen habt?“ fragt Michaela in die Menge. „Sechs!“ „Fünf!“ „Elf!“ „Neun!“ „Und wer macht das Handy nie aus?“ Zwei

Drittel der Hände in der Luft. Allein diese zwei Abfragen machen deutlich, warum so wichtig ist, was die zwei Theaterpädagoginnen konzipiert haben: Ein Stück, das sich nah an der digitalen Lebenswelt der Jugendlichen bewegt und Themen aufgreift, über die dringend gesprochen werden muss. Und genau dieser Austausch steht bei „Netzspannung" im Vordergrund. Auf der Bühne stellen erwachsene und jugendliche Schauspielerinnen und Schauspieler drei kurze Alltagsszenen zu verschiedenen, jeweils auf die Altersgruppe abgestimmten Netz-Themen nach. Am Ende jedes Spiels treten Michaela und Jana in den Dialog mit den Schulklassen: Ist so eine Szene realistisch? Welcher Figur geht es wohl am schlechtesten? Wie ließe sich die Situation anders lösen? Die Jugendlichen sind aufgefordert, aktiv über alternative Ausgangsmöglichkeiten nachzudenken, diese zu formulieren und selbst auf der Bühne nachzuspielen.

Ein Beispiel: Lukas wird gemobbt. Ein paar seiner Mitschüler beleidigen ihn nicht nur auf dem Schulhof, sondern verbreiten auch ein unschön verändertes Bild von Lukas online. Ihm geht es schlecht, am liebsten würde er gar nicht mehr zur Schule gehen. Eltern und Lehrkräfte sind ahnungslos. Realistisch? Ganz klar ja, findet das Publikum. Cybermobbing ist den 6.-Klässlern ein Begriff: „Das macht man, weil man andere ärgern will" „Eben online beleidigen, ohne dass man selber erkannt wird". Sie überlegen sich zahlreiche Lösungswege; viele wollen die Alternativen unbedingt selber vorspielen.

Quelle:
Netzspannung, Wilde Bühne e.V.

Die (bre(ma glaubte an die Idee „Netzspannung", verlieh dem Konzept der Wilden Bühne den Medienkompetenz-Preis „Das Ruder", um das Theaterprojekt zu ermöglichen und behielt recht: Das Projekt ist ein voller Erfolg. Seit dem Spielstart besuchten innerhalb von nur einem Jahr etwa 3.750 Schülerinnen und Schüler sowie Auszubildende zwischen zwölf und 21 Jahren das Stück. Und es läuft weiter: Aufgrund der großen Nachfrage ist „Netzspannung" weiterhin unterwegs!

Mehr Infos dazu finden Sie hier:
www.bremische-landesmedienanstalt.de/2016
www.wilde-buehne-bremen.de/?portfolio=netzspannung

Medienanstalt Hamburg/Schleswig-Holstein (MA HSH)
Anstalt des öffentlichen Rechts

Rathausallee 72-76 | 22846 Norderstedt
Tel.: 040 / 36 90 05-0 | Fax: 040 / 36 90 05-55
info@ma-hsh.de | www.ma-hsh.de

Informieren und aufklären

Präventive MA HSH-Aktivitäten gegen Hate Speech und Extremismus im Internet

Die Rechtsdurchsetzung stößt im Internet immer wieder an Grenzen, was gerade im Hinblick auf Kinder und Jugendliche besonders problematisch ist. Daher ist es für die Medienanstalt Hamburg / Schleswig-Holstein (MA HSH) wichtig, ihre medienrechtlichen Maßnahmen mit präventiven Aktivitäten zu kombinieren. Bis Ende 2016 initiierte und förderte die MA HSH Medienkompetenzprojekte Dritter, wie etwa Fortbildungen von Lehrkräften oder Jugendleitern zum Umgang mit Hate Speech und Online-Extremismus in Schulen und Jugendzentren. Seit der Änderung des Medienstaatsvertrags Hamburg / Schleswig-Holstein zum 1. April 2017 fehlen der MA HSH allerdings die Mittel für die Förderung von Medienkompetenzprojekten Dritter. Die Medienkompetenzförderung ist nunmehr eine gesetzliche Kann- und keine Pflichtaufgabe der MA HSH.

Seitdem konzentriert sich die nördlichste deutsche Medienanstalt auf eigene Aktivitäten und setzt gegen Hass, Hetze und Extremismus im Netz vor allem auf Information und Aufklärung.

An die allgemeine Öffentlichkeit wendet sich die MA HSH, wenn sie – wie etwa im Mai 2017 – über festgestellte Facebook-Profile berichtet, die eine sehr negative Sicht auf Flüchtlinge, Migranten und Muslime enthalten. Bei einigen dieser Profile wurden volksverhetzende Kommentare und somit eindeutig Verstöße gegen das Strafrecht und den Jugendmedienschutzstaatsvertrag (JMStV) festgestellt. In anderen Fällen stellte die MA HSH unmittelbar Strafanzeige bei der zuständigen Staatsanwaltschaft und informierte darüber ebenfalls per Pressemitteilung. Gleiches gilt für die von der MA HSH initiierten Regionalsperren von YouTube-Unterseiten, die Kennzeichen verfassungswidriger Organisationen enthielten.

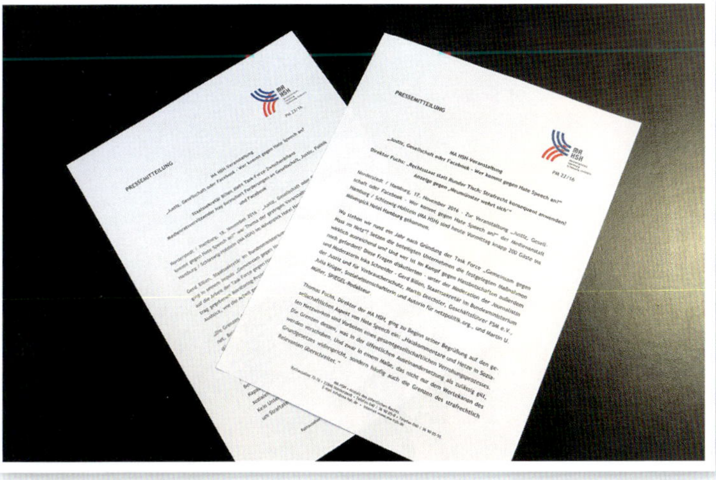

So wurde beispielsweise die Pressemitteilung der MA HSH über ihre Strafanzeige gegen das Facebook-Profil „Neumünster wehrt sich" auch von überregionalen Medien aufgegriffen. Das Angebot ist seit Anfang Februar 2017 nicht mehr erreichbar.

YouTube ist Teil des Google-Konzerns, der seine Nord- und Mitteleuropa-Zentrale in Hamburg betreibt. Aufgrund der räumlichen Nähe steht die MA HSH im direkten Kontakt mit Google. Als die MA HSH im Dezember 2017 beispielsweise erneut über die Sperrung rechtsradikaler Musikvideos auf YouTube informierte – diesmal von vier Kanälen – forderte der MA HSH-Medienratsvorsitzende Lothar Hay die Internet-Plattformbetreiber auf, ihre Verantwortung stärker wahrzunehmen. Sie müssten „technische Lösungen entwickeln, die verhindern, dass bereits einmal gelöschte oder gesperrte Inhalte wieder auftauchen." Nach einem weiteren Treffen mit Google-Verantwortlichen wegen rechtswidriger YouTube-Inhalte begrüßte der MA HSH-Medienrat den konstruktiv-kritischen Dialog und forderte zugleich nutzerfreundliche Beschwerdemöglichkeiten bei YouTube.

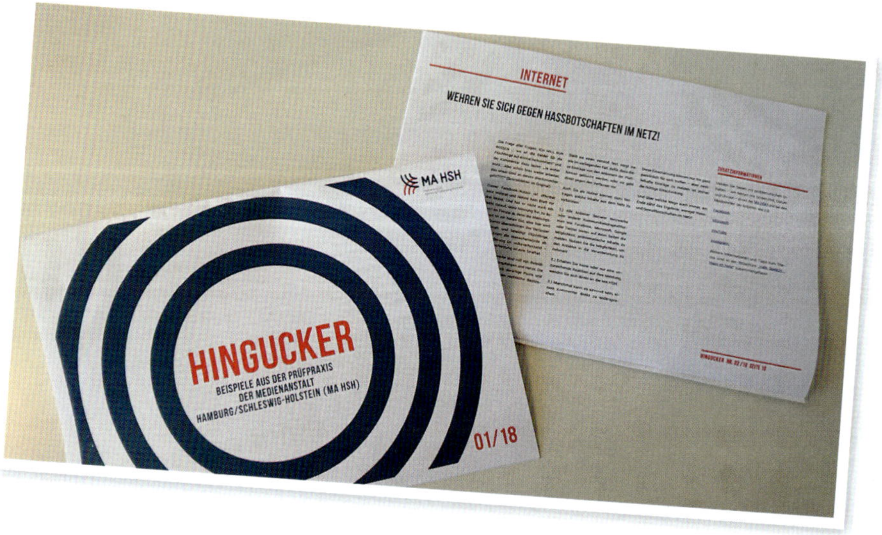

Newsletter „Hingucker“

Bei der Lektüre des Hingucker schaut man dem MA HSH-Team bei der Arbeit über die Schulter. Zudem erhält man weitergehende Informationen, etwa über relevante Rechtsgrundlagen.

Im Hingucker informiert die MA HSH regelmäßig über Fälle aus ihrer Aufsichtspraxis. Anlass der MA HSH-Prüfungen sind in der Regel Beschwerden aus der Bevölkerung über Internetangebote, Fernseh- und Radiosendungen.

In verständlicher Form berichtet die MA HSH im Hingucker auch über Aufsichtsfälle aus dem Spektrum „Hass, Hetze und Rechtsradikale“ und gibt Tipps wie „Wehren Sie sich gegen Hassbotschaften im Netz!“ (Hingucker Nr. 02/16, S. 10, https://www.ma-hsh.de/infothek/publikationen/hingucker.html).

scout-Magazin für Medienerziehung

Mit ihrem Magazin scout wendet sich die MA HSH gezielt an Eltern. scout informiert, bietet Orientierung und ermutigt Eltern, ihre Verantwortung für die Medienerziehung wahrzunehmen. So beispielsweise mit dem Themenheft „Demokratie im Netz – Wie Neonazis im Web 2.0 agieren und wie man sie stoppt" (Heft 1/2012, https://www.scout-magazin.de/printausgaben/ausgabe-1_2012.html). Auf der scout-Webseite gibt es darüber hinaus laufend aktuelle Informationen zu regionalen Projekten, Akteuren, Veranstaltungen und nicht zuletzt Empfehlungen von Materialien und Arbeitsvorschlägen, u. a. zur schulischen und außerschulischen Aufarbeitung des Themas Hate Speech. Ein monatlicher scout-Newsletter informiert per E-Mail über Aktuelles rund um das Thema Medienerziehung. Auch auf Facebook ist scout mit einem eigenen Profil unterwegs.

scout MA HSH
DAS MAGAZIN FÜR MEDIENERZIEHUNG

Aus Sicht der MA HSH hat sich im Hinblick auf „Hate Speech und Extremismus im Internet" die Kombination restriktiver Medienaufsicht mit der hier erläuterten präventiven Aufklärung und Sensibilisierung bewährt. Gerd Billen, Staatssekretär im Bundesjustizministerium, betonte am 18. November 2016 in seinem Impulsvortrag zur Eröffnung der MA HSH-Veranstaltung „Justiz, Gesellschaft, Facebook – Wer kommt gegen Hate Speech an?" die Rolle der Plattformen: „Unternehmen, die mit ihren Sozialen Netzwerken viel Geld verdienen, trifft hier eine gesellschaftliche Verpflichtung." Diese einzufordern und gegen gesellschaftliche Verrohung in sozialen Netzwerken mit restriktiven und präventiven Mitteln vorzugehen, ist weiterhin eine wichtige Aufgabe der MA HSH.

LPR hessen

LPR Hessen – Hessische Landesanstalt für privaten Rundfunk und neue Medien

Hessische Landesanstalt für privaten Rundfunk und neue Medien (LPR Hessen)
Anstalt des öffentlichen Rechts

Wilhelmshöher Allee 262 | 34131 Kassel
Tel.: 0561 / 935860 | Fax: 0561 / 9358630
lpr@lpr-hessen.de | www.lpr-hessen.de

Im Zeichen der Prävention – Medienarbeit in Hessen

Der Kampf gegen problematische Inhalte im Netz und den sozialen Medien erscheint in mancher Situation fast schon ausweglos. Aber deswegen den Kopf in den Sand stecken: NIEMALS!

Die LPR Hessen setzt seit vielen Jahren im ganzen Bundesland medienpädagogische Zeichen. Ob dies durch ein Internetprojekt zum Thema Medienmobbing mit Schülern geschieht, oder in den hessischen Kindergärten eine Basisqualifizierung für das pädagogische Fachpersonal rund um das Thema „Medienarbeit mit dem Tablet" realisiert wird, ganz egal, die LPR Hessen zeigt zielgruppenorientiert und praxisnah, wie das Internet und alle anderen Medien am besten in eigener Sache positiv genutzt werden kann.

Auch wenn Mobbing, Hass, Vorurteile, Beleidigungen und Extremismus in den sozialen Medien präsent sind, liegt es immer an einem selbst, ob man die negativen Seiten des Internets an sich ranlässt oder einfach „ausschaltet".

Man hat es selbst in der Hand! Daher gilt unsererseits auch immer die Devise: Hilfe zur Selbsthilfe. Um sich jedoch selbst helfen zu können, benötigt man spezifisches Wissen und entsprechendes Handwerkszeug. Dies erhalten Kinder und Jugendliche sowie Pädagogen und Eltern durch die einschlägigen Medienkompetenzangebote der LPR Hessen.

Joachim Becker, Direktor der LPR Hessen

Jederzeit können sich Erzieher, Lehrkräfte, Eltern und medienpädagogisch Aktive aus ganz Hessen an uns wenden, wenn es um medienpädagogische Unterstützung, die Durchführung eines Medienprojektes oder einer Fortbildung geht.
medienkompetenz@lpr-hessen.de

Unser medienpädagogisches Projektkontingent umfasst Angebote für die hessischen Kindergärten, für Schulen als auch für außerschulische Einrichtungen und insbesondere für Eltern und Familien. Auf unsere medienpädagogische Vielfalt sind wir stolz! Denn gerade Kinder nutzen die Möglichkeiten der sozialen Medien. Sie produzieren eigene Medieninhalte, laden Videos, Bilder oder Texte hoch und sind somit bereits sehr früh Medien- und Meinungsmacher.

Sandra Bischoff, Referatsleitung Medienkompetenz der LPR Hessen

Projektauswahl zur Thematik „Hass, Mobbing und Extremismus"

STECKBRIEF / FACTS

Webklicker – Wir klicken clever

Zielgruppe: Schüler der 5. und 6. Klasse, Eltern und Lehrkräfte
Thema: Chancen und Risiken des Internets
Inhaltliche Schwerpunkte: Always-On, Datenschutz (inklusive Recht am eigenen Bild), Urheberrecht und Cybermobbing.
Medien: Internet, Smartphone, Tablet, Computer
Umfang: 2 Schultage Schulprojekt + 3-stündige Lehrerfortbildung + Elternabend
Eigenbeteiligung: 75 Euro pro Schulklasse
Durchführung: medienblau gGmbH

STECKBRIEF / FACTS

Clever digital! Veränderung der Kommunikationskultur durch Social Media

Zielgruppe: Schüler der 7. bis 11. Klasse, Eltern und Lehrkräfte
Thema: Smartphone und Social Media
Inhaltliche Schwerpunkte: inhaltliche, finanzielle, rechtliche, gesundheitliche und ethische Aspekte von WhatsApp und Co., medienpraktische Produktion
Medien: Internet, Smartphone, Tablet
Umfang: 2 Schultage Praxisprojekt + 4 Std. Lehrerfortbildung + Elternabend + zentraler Lehrerfachtag
Eigenbeteiligung: 100 Euro pro Schulklasse
Durchführung: MUK Hessen

STECKBRIEF / FACTS

Grenzen der Medienfreiheit – Jugendmedienschutz als Thema im Unterricht

Zielgruppe: Lehrkräfte
Thema: Jugendmedienschutz
Inhaltliche Schwerpunkte: Medienfreiheit und Umgang mit medialer Gewalt, Sexualisierungen und extremistischen Medieninhalten
Medien: Internet, Smartphone, Computer, Tablet, DVD
Umfang: 2 kompakte Nachmittage
Eigenbeteiligung: 20 Euro je Lehrkraft
Durchführung: medienblau gGmbH

Teilnehmerzahlen 2018
(an LPR Hessen-Projekten)

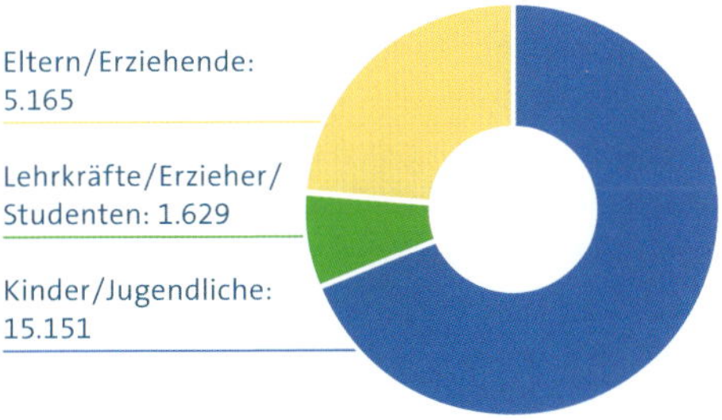

Spielfilmprojekte „Gegen Gewalt und Rassismus – für Respekt“

STECKBRIEF / FACTS

Gegen Gewalt und Rassismus – für Respekt!

Zielgruppe: Schüler der Jahrgangsstufen 8 bis 11 sowie Jugendliche im Alter von 14 bis 18 Jahren
Thema: Rassismus, Extremismus, Demokratie
Inhaltliche Schwerpunkte: Biografische Auseinandersetzung mit gesellschaftsrelevanten Themen, Spielfilmproduktion
Medien: Fernsehen, Videokamera, Kurzfilm
Umfang: 12 Tage
Durchführung: Medienwerkstatt Uni Kassel

Biografische Spielfilmpädagogik – die richtige Methode?

Die biografische Spielfilmpädagogik ist an der Universität Kassel in den Fachbereichen Erziehungswissenschaft und Sozialwesen ab 1986 entwickelt worden. Hintergrund war eine pädagogische Methode zu entwickeln, die sich sowohl für die Projektarbeit in Schulen wie auch für die sozialpädagogische Arbeit in Jugendzentren eignet und an den Interessen und Bedürfnissen der Jugendlichen anknüpft. Die Zielgruppe sind Jugendliche im Alter von 14 bis 18 Jahren. Das Ziel ist die Vermittlung von Medienkompetenz sowie die Behandlung aktueller Themen wie Gewalt, Extremismus, Ausgrenzung und die Förderung der Sozialkompetenz in der Gruppenarbeit.

Das Medium Spielfilm als Chance für Reflexion

Ein Spielfilmprojekt dauert in der Regel 12 Tage. Dabei ist die Spielfilmarbeit als Prozess strukturiert. Neben dem Ziel über Hass, Mobbing und Extremismus zu reflektieren, die Entstehung zu ergründen, geht es darum, die Selbstreflexion der Teilnehmer zu fördern, sie darin zu unterstützen, Gefühle auszudrücken und wahrzunehmen. Die Jugendlichen entwickeln die Geschichte und das Drehbuch. Die Filmtechnik wird von ein bis zwei dafür ausgebildeten Spielfilm-Teamern realisiert, wobei in allen Gewerken Licht, Ton, Maske, Requisite, Kamera und Regie die Assistenzaufgaben von den Jugendlichen übernommen werden. Die Großbild-Filmpremiere findet zum Ende des Projektes in der Regel in der Aula der Schule oder in einem örtlichen Kino vor ca. 100 bis 300 Zuschauern statt. Nach der Premiere bekommen die Teilnehmer, den Film auf DVD sowie ein Filmplakat.

Extremismus und Gewalt – ein sensibles Thema

Die vorgegebenen Grundthemen für die Filmgeschichte Hass, Mobbing, Gewalt, Angst, Extremismus müssen auf den selbsterlebten Erfahrungen der Jugendlichen basieren.

Am ersten Tag des Projektes müssen die Jugendlichen diese selbsterlebte Geschich-

te zum Projekt mitbringen. Die Aufgabe dazu haben sie in der Infoveranstaltung beim ersten Treffen mit dem Leiter des Projektes bekommen. Jugendliche, die in dem Alter keine eigenen Mobbing-, Angst- oder Gewalterfahrungen haben sind sehr selten.

Jeder Jugendliche bestimmt aus seiner Geschichte die Anteile, die in der Filmgeschichte vorkommen sollen. Daraus wird eine neue Geschichte gebildet. Durch den biografischen Anteil in den Geschichten der Jugendlichen, die sie der Gruppe vorlesen, werden die eigenen Erfahrungen in den Kontext zu den Erfahrungen der anderen Jugendlichen gestellt. Es werden neue Erfahrungen ausgetauscht, der Umgang damit diskutiert und vielleicht andere Lösungen aufgezeigt, die auch in die Filmgeschichte einfließen. Einerseits werden dadurch die individuellen eigenen Erfahrungen wichtig, andererseits lernt man aus den Erfahrungen der anderen Jugendlichen neue Konfliktlösungen.

Um die Jugendlichen zu schützen, darf kein Teilnehmer später aus seiner eigenen Geschichte eine Rolle übernehmen, sodass es für die Zuschauer später nicht ersichtlich ist, welche Geschichten zu welchem Jugendlichen gehören. Deshalb erzählen die Jugendlichen auch häufig sehr unangenehme böse Geschichten, weil sie wissen, dass eine Rückverfolgung nicht möglich ist.

Mein Film auf der großen Bühne

Für viele Jugendliche ist der Auftritt zur Filmpremiere auf der großen Bühne vor den Zuschauern ein wichtiger Ansporn. Gleichwohl fällt es manchen sehr schwer, auch live auf der Bühne zu stehen, um Fragen der Zuschauer zum Film und zur Entstehung zu beantworten. Die ganze Filmgruppe stützt sich dann gegenseitig.
Mit dieser Methode sind seit 1996 in Hessen mehr als 120 Filme in Schulen und Jugendzentren entstanden.

Ein Bericht von: *Dr. phil. Reinhard Nolle* (1946) Lehrer/Medienpädagoge Sek. II, Sozialpädagoge, 45 Jahre aktive Medienarbeit in der schulischen-, außerschulischen und universitären Bildung mit Antigewalt- und Suchtpräventionsprojekten, seit 1979 Erziehungs- und Medienwissenschaft an der Universität Kassel FB Erziehungswissenschaft FB Sozialwesen.

Medienanstalt Mecklenburg-Vorpommern (MMV)
Anstalt des öffentlichen Rechts

Bleicherufer 1 | 19053 Schwerin
Tel.: 0385/55881-12 | Fax: 0385/55881-30
info@medienanstalt-mv.de | www.medienanstalt-mv.de

Bildungsthemen Hate Speech und Fake News

Helden statt Trolle

Die exzessive und enthemmte Kommunikation in sozialen Netzwerken, in denen unreflektiert kommentiert und informiert wird, fördert vermehrt menschenverachtende und hetzende Beiträge, die zunehmend unseren Alltag bestimmen.

Krass gesagt? Hinterfragt!

Mit dem Verbundprojekt des Landeskriminalamtes M-V und der Landeszentrale für politische Bildung M-V soll sowohl online als auch vor Ort in den Bildungseinrichtungen Hilfestellungen zu den Phänomenen Hate Speech und Fake News gegeben werden. Hierfür wurde ein Bildungskonzept entwickelt, welches für diese Themen sensibilisieren und gleichzeitig ein alternatives Handeln innerhalb der Zivilgesellschaft fördern soll. Es gilt, geeignete Handlungsoptionen bereitzustellen, um die Zielgruppe der verunsicherten jungen Menschen einerseits und ihre Lehrkräfte, Jugend- und Schulsozialarbeiter*innen sowie Eltern andererseits systematisch auf die zunehmende Gefahr von Gewalt in Form von Hate Speech vorzubereiten und angemessen darauf reagieren zu lassen.

Um in diesem Zusammenhang verantwortungsvolles Handeln zu fördern, stehen folgende Ziele im Zentrum des Programmes:

1. Sensibilisierung und Aufklärung im Internet und vor Ort zu Hate Speech und Fake News;
2. Argumentationstraining im Umgang mit Hate Speech durch Active Speech-Hinweise;
3. Mobilisierung junger Menschen (14–29-Jährige) zur Gegenreaktion bei Hate Speech und Fake News;
4. Zivilgesellschaftliche Antworten auf Hate Speech durch eine Bildungs-Community und Hassfreie Zonen wie Schulen, Verein etc.

Angebot vor Ort – Sensibilisierung, Aufklärung und Handeln

Einführungsvorträge und Workshops zu den Themen Hate Speech und Fake News

- Was sind Hate Speech und Fake News?
- Welche Formen von Hassrede gibt es?
- Wie gehe ich mit Hass im Netz um?
- Wie erkenne ich Fake News?

Praxisnahe Beratung im Umgang mit Hate Speech in den sozialen Netzwerken

- Wie kann ich mich vor Hate Speech schützen?
- Wie kann ich andere Personen gegen Hass unterstützen?

Praxistraining zur Anwendung der Argumentationsmethode Active Speech

- Hassgeprägte Unterhaltungen, was nun?
- Respektvolles Miteinander im Netz fördern!

Hate Speech als Schul- und Unterrichtsthema

Neben der Entwicklung des Problembewusstseins möchte das Projekt Lehrkräfte, Schulsozialarbeiter*innen und junge Erwachsene vor Ort auf die Themen Hate Speech und Fake News aufmerksam machen. Dafür werden spezielle Angebote für die schulische Auseinandersetzung zur Verfügung gestellt. Hierzu werden Beispiele aus den Bereichen der Zuwanderungs- und Flüchtlingspolitik, der Fremdenfeindlichkeit, des Rechtsextremismus und des Sexismus genutzt.

Fotoaktion beim Präventionstag "VorBilder" in Rostock

In Zusammenarbeit mit Partnerorganisationen wird auf der Webseite, neben den für alle offenen Wissensseiten, *ein Downloadportal speziell für Lehrkräfte* mit allen relevanten Informationen, Materialien und Beispielen zum Thema Hate Speech zur Verfügung gestellt. Dieses hier gebündelte Wissen zu den Themen Hate Speech und Fake News wurde bereits in mehreren Bildungseinrichtungen zur Sensibilisierung und Aufklärung von jungen Menschen und Multiplikator*innen erprobt.

Mit Philosophie-Lehramtsstudierenden der Universität Rostock hat das Projekt u. a. eine Unterrichtseinheit für Hate Speech im Philosophieunterricht ab der Jahrgangsstufe 7 entwickelt.

In der Unterrichtseinheit *„Hate Speech als besondere Form von Bedrohung“* werden

die Schüler*innen auf Hate Speech vorbereitet (Sach- und Selbstkompetenz), lernen Ursachen und Wirkungen individueller und kollektiver Bedrohung kennen (Sach-, Selbst- und Sozialkompetenz) und entwickeln ein Konzept zum Umgang mit Hate Speech (Methoden- und Selbstkompetenz).
Die erarbeiteten Unterrichtsstunden mit dazugehörigen Arbeitsblättern befassen sich mit folgenden Fragen:

- Inwiefern lassen sich Formen von Gewalt unterscheiden?
- Inwiefern hat der geschriebene Hasskommentar eine verletzende Wirkung?
- Inwiefern sind Beleidigungen Hate Speech?
- Inwiefern lassen sich Onlinekommentare als Hate Speech beurteilen?
- Ist Hate Speech durch die Meinungsfreiheit/künstlerische Freiheit geschützt?
- Wie kann man mit Hate Speech umgehen?

Alle Materialien finden Sie unter www.helden-statt-trolle.de

Klappe gegen Rassismus

Der Film-Ideenwettbewerb für Vielfalt, Demokratie und Zivilcourage in Mecklenburg-Vorpommern

Mit Kreativität gegen Rassismus und Menschenfeindlichkeit – für Vielfalt, Zivilcourage und Demokratie! Der Film-Ideenwettbewerb *Klappe gegen Rassismus* ermutigt junge Menschen aus Mecklenburg-Vorpommern, im Alter von 10–20 Jahren, sich mit eigenen Filmideen zu Vielfalt, Zivilcourage und Demokratie zu positionieren. Die Jugendlichen entwickeln eine Filmidee zum Wettbewerbsthema und erwerben dabei Wissen über Rassismus und Medienarbeit.

Die besten Ideen wurden jährlich von einer prominent besetzten, fachkundigen Jury prämiert. In dieser engagierten sich u. a. Schauspieler *Hinnerk Schönemann*, die Regisseure *Christian Schwochow* und *Burhan Qurbani*, Vertreter*innen der Landeszentrale für politische Bildung, der Medienanstalt Mecklenburg-Vorpommern, des Jugendmedienverbandes M-V, der F. C. Flick Stiftung und der Deutschen Kinder- und Jugendstiftung.

Der Preis: die selbstständige Umsetzung der Filme mit professioneller Unterstützung von Medienpädagog*innen des Landes Mecklenburg-Vorpommern im Wert von bis zu 4.000 Euro. Bevor jedoch die Dreharbeiten starten, vermittelt *Klappe gegen Rassismus* den Jugendlichen und ihren medienpädagogischen Begleiter*innen zu Beginn jeder Staffel in einem Auftakt-Workshop grundlegendes Wissen über Rassismus. In der anschließenden dreimonatigen Drehphase werden die Jugendlichen dann selbst

aktiv. Sie lernen die Filmarbeit kennen und probieren sich hier in unterschiedlichen Bereichen aus. In dieser Phase findet eine vertiefte Auseinandersetzung mit Rassismus und seinen Ausprägungen statt. Das Projektbüro von *Klappe gegen Rassismus* hält regelmäßig Kontakt zu den Teams, besucht die Filmgruppen vor Ort und berät sie zu allen aufkommenden Fragen und Herausforderungen. Es klärt über kritische Begriffe und Phänomene von Rassismus auf oder zeigt Alternativen, wenn Drehbücher Gefahr laufen, Stereotype zu reproduzieren. Ist der Film dann „im Kasten", folgt die Premiere. Auf einer feierlichen Abschlussveranstaltung eines jeden Wettbewerbsdurchlaufes werden die Filme in einem Kino uraufgeführt. Die fertigen Filme werden zudem auf DVD und im Internet veröffentlicht und auf Festivals sowie in den offenen Kanälen gezeigt.

Nach *drei erfolgreichen Staffeln* mit insgesamt *29 Kurzfilmen,* die aus über 100 Bewerbungen ausgewählt wurden, *und 573 teilnehmenden Jugendlichen* wird das Projekt ab dem Schuljahr 2018 / 2019 durch das Format *Klappe gegen Rassismus vor Ort!* ergänzt : „Im kommenden Schuljahr sollen die Filme an möglichst vielen Orten in Mecklenburg-Vorpommern gezeigt werden. Wir wollen sie in Schulen, Kinos, Kirchen und Jugendeinrichtungen auf die Leinwand bringen.", kündigt *Christian Utpatel*, Geschäftsführer der RAA Mecklenburg-Vorpommern, an. Projektleiterin *Marie Schatzel* ergänzt: „Ab sofort sind wir auf der Suche nach Jugendlichen, die die Filme vor Ort selbst präsentieren und mit Gleichaltrigen diskutieren wollen. Dafür werden sie von uns explizit ausgebildet."

Klappe gegen Rassismus – Der Film-Ideenwettbewerb für Vielfalt, Zivilcourage und Demokratie in Mecklenburg-Vorpommern ist ein Projekt der *Regionalen Arbeitsstelle für Bildung, Integration und Demokratie (RAA) Mecklenburg-Vorpommern e. V.*, gefördert von der F. C. Flick Stiftung gegen Fremdenfeindlichkeit, Rassismus und Intoleranz und vom Land Mecklenburg-Vorpommern aus Mitteln des Europäischen Sozialfonds (ESF). Die RAA wird auch von der Medienanstalt Mecklenburg-Vorpommern unterstützt.

Mehr Infos unter:
http://www.klappe-gegen-rassismus.de
http://www.facebook.com/klappegegenrassismus

Niedersächsische Landesmedienanstalt (NLM)
Anstalt des öffentlichen Rechts

Seelhorststraße 18 | 30175 Hannover
Tel.: 0511/284770 | Fax: 0511/2847736
info@nlm.de | www.nlm.de

Maßnahmen des präventiven Jugendmedienschutzes der Niedersächsischen Landesmedienanstalt (NLM)

„Schülerinnen und Schüler kennen Risiken und Gefahren digitaler Umgebungen und wenden grundlegende Strategien zum Schutz an.“ So lautet eine der zentralen Kernkompetenzen, die im Orientierungsrahmen Medienbildung des Landes Niedersachsens formuliert ist. Schulen beschäftigen sich neben dem Einsatz digitaler Medien im Unterricht, wie dem Recherchieren und Präsentieren mit Medien, dem eigenen Produzieren von Medien sowie der Medienanalyse, auch mit Aspekten des Jugendmedienschutzes und dem sicheren Agieren von Kindern und Jugendlichen im Internet. Im Verbund des Netzwerkes Medienberatung in Niedersachsen unterstützt die Niedersächsische Landesmedienanstalt (NLM) die Schulen bei dieser Aufgabe. Gemeinsam mit dem Niedersächsischen Kultusministerium wird seit 2012 der *Aktionstag Internet* angeboten. Für einen Schultag kommt eine Medienpädagogin oder ein Medienpädagoge in die Schule und arbeitet mit den Schülerinnen und Schülern einer 4. oder 5. Klasse zu den Themen Soziale Netzwerke, Privatsphäre und Datenschutz, Abzocke im Internet und Cyber-

mobbing. Der Aktionstag Internet wendet sich bewusst an die 10- bis 13-Jährigen. In diesem Alter steigen viele Kinder und Jugendliche eigenständig in die Welten des Internets ein. Die Auseinandersetzung mit den positiven Aspekten der Nutzung von Social Media und Smartphones als auch mit den Risiken, die damit verbunden sind, soll bei den Schülerinnen und Schülern eine Grundhaltung fördern, die geprägt ist von Selbstverantwortung, einem fairen Umgang miteinander und einer kritischen Nutzung digitaler Medien. Die Medienpädagog*innen arbeiten mit spielerischen, dem Alter der Zielgruppe entsprechenden Methoden, oft ohne den Einsatz von digitalen Medien. So wird z. B. beim Thema Cybermobbing darauf geachtet, dass sich die Schüler*innen in eine Mobbingsituation einfühlen können. In Rollenspielen oder mit Unterstützung von Video-Clips kann nachempfunden werden, wie sich ein Mobbingopfer oder auch ein Täter oder ein Mitläufer fühlt. Spielerisch wird den Schüler*innen nahegebracht, wie anonyme Kommunikation über Medien enthemmen kann, aber wie schwer es andererseits ist, sich z. B. in einer Face-to-Face-Situation zu beleidigen. Selbstverständlich bietet der Aktionstag Internet auch Strategien an, wie sich die Schüler*innen gegenseitig schützen und unterstützen können. Darüber hinaus informieren die Medienpädagog*innen über Beratungs- und Informationsangebote, wie z. B. juuuport.de, Nummer gegen Kummer, klicksafe oder über Kontakte zu lokalen Beratungsstellen. Der Aktionstag Internet ist ein präventives Angebot, das die Schüler*innen für einen kritischen Blick auf die im Internet, insbesondere in den sozialen Netzwerken verbreiteten Inhalte sensibilisieren soll. Über 2.300 Schüler*innen werden pro Schuljahr mit dem kostenfreien Angebot beim Einstieg ins Internet begleitet. Zusätzlich zu den Aktionstagen Internet können teilnehmende Schulen die Fortbildungen und Projektbegleitungen der sechs multimediamobile der NLM nutzen. Die Medienpädagog*innen der NLM qualifizieren die Lehrkräfte und pädagogischen Fachkräfte und tragen so dazu bei, medienpraktische Inhalte in den Unterricht und in die Projektarbeit zu implementieren.

„Mit dem Internet aufwachsen" - Chancen und Risiken für Kinder und Jugendliche

- **Öffentlichkeit | Privatsphäre | Datenschutz**
- **Jugendmedienschutz | jugendgefährdende Inhalte des Internets**
- **Soziale Netzwerke | jugendliche Kommunikationskultur**

Anmeldung: http://www.nlm.de/web2_0.html

Eine weitere Maßnahme zur Entwicklung und Stärkung der Medienkompetenz in Niedersachsen ist die *Aktion Sicheres Internet* der NLM, die sich an Lehrkräfte als auch an Pädagog*innen außerschulischer Bildungseinrichtungen wendet. Es stehen drei Informationsveranstaltungen zur Auswahl, die verschiedene Aspekte der Internet-Nutzung durch Kinder und Jugendliche beleuchten. Um Privatsphäre, Datenschutz und das Agieren in den sozialen Netzwerken geht es in der Veranstaltung „Mit dem Internet aufwachsen". Es wird z. B. aufgezeigt, wie und durch welche Internet-Angebote Kinder und Jugendliche mit jugendgefährdenden Inhalten in Berührung kommen können. Auch das Thema Cybermobbing steht auf der Agenda und wird sowohl aus sozial-pädagogischer als auch aus rechtlicher Sicht beleuchtet. Die Veranstaltung „Digital spielen – Online-Spiele und virtuelle Welten" beschäftigt sich mit der Faszination, die digitale Spielewelten auf Kinder und Jugendliche ausüben. Aspekte des Jugendmedienschutzes und die Problematik extensiven Spiele-Konsums sowie die Gefahr von Spielsucht werden thematisiert. In der Informationsveranstaltung „Immer online – Kommunikation Jugendlicher in den digitalen Medien" erfahren Pädagog*innen, wie das Smartphone und die ständige Verfügbarkeit von WhatsApp, Instagram & Co jugendliche Kommunikation prägen. Thematisiert wird z. B., wie jugendgefährdende Inhalte aber auch Mobbingkampagnen sehr schnell über die sozialen Netzwerke verbreitet werden und durch den direkten Zugang über Smartphones Kinder und Jugendliche schwer belasten können. Die drei Informationsveranstaltungen der Aktion Sicheres Internet sollen Lehrkräfte

„Digital spielen" - Online-Spiele und virtuelle Welten

- **Spiele-Genres | Altersklassifizierung | USK-Siegel**
- **Faszination digitaler Spielewelten für Kinder und Jugendliche**
- **Jugendmedienschutz | Spielebewertung**
- **Extensiver Spiele-Konsum | Spielsucht**

Anmeldung: **http://www.nlm.de/computerspiele.html**

„Immer online" - Kommunikation Jugendlicher in den digitalen Medien

- **Wie nutzen Kinder und Jugendliche digitale Medien?**
- **Das Smartphone - Schaltzentrale jugendlicher Kommunikation**
- **Umgang mit privaten Daten | private Fotos und Videos**
- **Jugendmedienschutz | jugendgefährdende Inhalte und Kontakte**

Anmeldung: **http://www.nlm.de/handy.html**

und pädagogische Fachkräfte in der Jugendarbeit über die Mediennutzung von Kindern und Jugendlichen aufklären und für die Chancen und Risiken sensibilisieren, die mit der Nutzung der digitalen Medien einhergehen. Etwa 1.200 Teilnehmer*innen pro Jahr erreicht die NLM mit den kostenfreien Informationsveranstaltungen der Aktion Sicheres Internet.

Niedersächsische Landesmedienanstalt
Internet: https://www.nlm.de/medienkompetenz/

LANDESANSTALT FÜR MEDIEN NRW
Der Meinungsfreiheit verpflichtet.

Landesanstalt für Medien NRW
Anstalt des öffentlichen Rechts

Zollhof 2 | 40221 Düsseldorf
Tel.: 0211/770070 | Fax: 0211/727170
info@medienanstalt-nrw.de
www.medienanstalt-nrw.de
Twitter @lfmnrw

Beratung auf Augenhöhe – die Medienscouts NRW

Medienscouts NRW bildet Jugendliche zu Medienscouts aus, die ihren Mitschülerinnen und Mitschülern bei Fragen rund um die Mediennutzung auf Augenhöhe zur Seite stehen. Im Rahmen dieser Peer-to-Peer-Beratung geht es zum Beispiel um Fragen wie Cybermobbing, Sexting, Datenschutzeinstellungen oder Aspekte des Persönlichkeits- und Urheberrechts. Die Medienscouts werden von ebenfalls speziell ausgebildeten Beratungslehrkräften unterstützt. Dieses Scout-Projekt ist das größte seiner Art im deutschsprachigen Raum und wächst kontinuierlich.

Seit dem Projektstart 2011 wurden über 3.120 Schülerinnen und Schüler zu Medienscouts qualifiziert sowie mehr als 1.400 Beratungslehrkräfte ausgebildet. Insgesamt nehmen in NRW derzeit 747 Schulen aus 50 von 53 Kreisen und kreisfreien Städten teil, das entspricht einer kommunalen Beteiligungsquote von 94 Prozent.

Entwicklung seit 2011

- Qualifizierung von über 3.120 Medienscouts
- Ausbildung von über 1.400 Beratungslehrkräften
- Teilnahme von 747 Schulen
- Auszeichnung von 111 Medienscouts-NRW-Schulen
- Durchführung von über 40 Aufbauworkshops
- Train-the-Trainer Programm 14-mal in NRW

Stand Dezember 2018

- 50 von 53 Kreisen/kreisfreien Städten
- 94 % kommunale Beteiligungsquote

MEDIENSCOUTS NRW
Ein Angebot der Landesanstalt für Medien NRW

Wie bereits in den Vorjahren gehörte es auch im Jahr 2017 und 2018 zu den Hauptzielen des Projekts, die Medienscouts NRW nachhaltig in kommunalen Strukturen zu etablieren. Dafür erhalten die bereits teilnehmenden Medienscouts-Schulen ein Fortbildungs- und Vernetzungsangebot, etwa mit kostenlosen Aufbauworkshops zu den Themen Revitalisierung der schulischen Scoutarbeit, Hate Speech und Cybermobbing.

Um das Projekt auf eigene Füße zu stellen, lag ein wesentlicher Schwerpunkt der Projektarbeit bei dem sogenannten Train-the-Trainer-Programm. Hierbei werden lokale Fachkräfte qualifiziert, die den bereits aktiven Schulen mit Rat und Tat zur Seite stehen. Mit Fortbildungs- und Dialogangeboten fördern sie die schulübergreifende Vernetzung der Scouts und Lehrkräfte untereinander und bilden in Eigenregie Schülerinnen und Schüler sowie Lehrkräfte an neuen Schulen aus.

Im Jahr 2017 konnten sich Schulen erneut für das Abzeichen des Projekts Medienscouts NRW bewerben. Insgesamt wurden 106 Schulen von 38 Kreisen und kreisfreien Städten ausgezeichnet, die sich für das Schuljahr 2017/2018 Medienscouts NRW-Schule nennen dürfen.

www.medienscouts-nrw.de

»Viele kennen sich mit dem Internet und den Gefahren nicht aus. Es ist nötig, dass man über diese aufklärt.« Justin, 16 Jahre, 11. Klasse (links)

»Ich möchte generell Menschen helfen. Es macht Spaß, Jüngeren etwas beizubringen. Dabei lernt man auch selbst viel. Das ist ein Geben und Nehmen.« Alexander, 15 Jahre, 11. Klasse (mittig)

Offene, vertrauensvolle Kommunikation – die Peer-to-Peer-Arbeit halten Alexander, Skender und Justin für elementar: „Wir sind näher an den Jugendlichen dran und können uns besser in deren Lage versetzen. Man kennt die Probleme. Die Kommunikation ist offener und vertrauensvoller."

INITIATIVE ELTERN + MEDIEN

Kompetenz · Beratung · Unterstützung
Ein Angebot der Landesanstalt für Medien NRW

Eltern fragen – Experten antworten Initiative Eltern + Medien

Wie viel Fernsehen und wie viel Smartphone dürfen sein? Fördern oder hemmen Computerspiele die kindliche Entwicklung? Und was machen meine Kinder im Netz überhaupt? Die Medienwelt entwickelt sich so rasant, dass gerade Eltern regelmäßig Entscheidungen zur Medienerziehung treffen müssen und deshalb einen wachsenden Beratungs- und Orientierungsbedarf haben. Diesen Bedarf greift die Landesanstalt für Medien NRW mit ihrer Initiative Eltern + Medien und dem Angebot von Elternabenden zur Medienerziehung auf, die in Kindergärten, Kitas, Schulen und Familienzentren durchgeführt werden. Die Initiative Eltern + Medien unterstützt bei der Planung und Organisation der Veranstaltungen und stellt qualifizierte Medienpädagoginnen und Medienpädagogen zur Verfügung. Elternabende zur Medienerziehung haben sich als gelungenes Format bewährt, durch das Eltern sich informieren und im direkten Kontakt untereinander austauschen können.

2017 hat die Initiative Eltern + Medien mehr als 750 Elternveranstaltungen für über 18.000 Eltern in NRW durchgeführt. Neben dem Kernprojekt arbeitet die Landesanstalt für Medien NRW mit 20 Partnereinrichtungen in ganz NRW zusammen, von Minden-Lübbecke über Borken bis Düren, die unter dem Dach der Initiative Eltern + Medien ebenfalls Veranstaltungen für Eltern durchführen.

Elternabende

- Circa 800 Elternabende pro Jahr 18.342 Eltern erreicht;
- seit 2007 fast 198.000 Eltern in 7.782 Veranstaltungen erreicht und über 750.000 Materialien verteilt (Angaben für das Jahr 2017).

IM DIALOG ...

... mit Michelle Pütz, stellvertretende Leiterin einer Kita und Mutter einer fünfjährigen Tochter.

Michelle Pütz hat 2017 einen Elternabend organisiert. Das Feedback der Eltern war so gut, dass die Kita dieses Format gerne wiederholen möchte. Frau Pütz weiß, dass die Warteliste lang ist und hofft, dass das Angebot erweitert wird.

Medienerziehung von klein auf. Die Initiative Eltern + Medien unterstützt mit Elternabenden.

Was hat Sie dazu bewogen, einen Elternabend zu veranstalten?

Junge Eltern haben oft gar keine Orientierung, was die Mediennutzung angeht und suchen Rat. Durch einen Elternabend können wir beraten, begleiten und Aufklärungsarbeit leisten.

Welche Medien- und Internetthemen beschäftigen die Eltern?

Sie fragen uns beispielweise, wie lange ihre Kinder fernsehen sollten, welche Filme ratsam sind, welche Aussagekraft die Altersbegrenzung von Filmen hat. Auch die Suche nach sicheren und adäquaten Internetseiten ist ein Thema. Hier sind Hilfestellungen gefragt.

Wie ist der Elternabend verlaufen und wie war die Resonanz?

Die Vorbereitung und der Kontakt waren sehr gut. Wir haben uns eng mit den Referenten der Landesanstalt für Medien NRW abgestimmt. Auch die Resonanz seitens der Eltern war sehr gut. Besonders wichtig waren uns der Austausch und die Möglichkeit, zu diskutieren und Fragen zu stellen. Sehr positiv war auch der Austausch der Eltern untereinander.

Warum ist die Unterstützung durch Medienpädagoginnen und Medienpädagogen sinnvoll?

Wir erfahren, wie der Stand in der Wissenschaft ist, welche wissenschaftliche Ansätze und Positionen es gibt, und worauf Aussagen zur Medienerziehung fundieren. Dazu können wir eine eigene Haltung einnehmen und diskutieren.

www.elternundmedien.de
www.medienanstalt-nrw.de

LMK
Landeszentrale für
Medien und Kommunikation
Rheinland-Pfalz

Medienanstalt Rheinland-Pfalz
Anstalt des öffentlichen Rechts

Turmstr. 10 | 67059 Ludwigshafen
Postfach 217263 | 67072 Ludwigshafen
Tel.: 0621/52020 | Fax: 0621/5202152
mail@lmk-online.de | www.lmk-online.de

MEET – Medienbildung für Gleichheit und Toleranz

Von 2016 bis 2019 ist medien+bildung.com, Tochtergesellschaft der LMK, einer von fünf Partnern im Erasmus+ Projekt „MEET: Media Education for Equity and Tolerance", neben der Universität Florenz, der Universität Wien, Media Animation aus Brüssel und dem Mirovni Institut (Peace Institute) in Ljubljana. Als weitere deutsche Verbundpartner sind auch klicksafe und jugendschutz.net dabei. Ziel von MEET ist die Förderung von gegenseitigem Verständnis und Respekt zwischen Menschen mit unterschiedlicher ethnischer oder religiöser Herkunft und die Förderung des kritischen Denkens und der Medienkompetenz von Kindern, jungen Menschen, Jugendarbeitern und pädagogischen Fachkräften.

Die zentralen Aktivitäten des Projekts sind die Entwicklung, der Test und die Evaluation von sechs „Lernszenarien" in verschiedenen Schulen in drei EU-Ländern (Deutschland, Italien und Slowenien), basierend auf einem „critical literacy"-Ansatz; damit verknüpft die Produktion einer multimedialen Dokumentation von Unterrichtsaktivitäten – also über Lehre und das Lernen von Medienkompetenz in interkulturellen Kontexten – und die anschließende Bereitstellung der MEET-Lernszenarien als offene Bildungsressourcen (OER – Open Educational Resources) auch über den Zeitraum der Projektdauer hinaus. MEET zielt auf die Förderung eines kritischen und interkulturellen Verständnisses sowie einer bewussten Nutzung von Medien durch Jugendliche ab. Das generelle Ziel ist eine demokratischere Gesellschaft.

Die Partner von „MEET: Media Education for Equity and Tolerance" arbeiten weiter daran, die erarbeiteten Unterrichtsmaterialien, das „MEET Toolkit", für eine möglichst weite Verbreitung aufzubereiten. Alle Materialien stehen auf der Webseite zur Verfügung, zunächst in englischer Sprache, eine Übersetzung ins Deutsche ist geplant. Die Methoden und Materialien von MEET wer-

den bei Tagungen und Fortbildungsveranstaltungen präsentiert; der MEET Newsletter informiert auch über das Projektende im Frühjahr 2019 hinaus Interessierte über Veröffentlichungen und Veranstaltungen.

mittendrin

mittendrin ist ein Workshopangebot von medien+bildung.com für Schulen und für die außerschulische Jugendbildung im Sinne der Radikalisierungsprävention zu Themen wie Politik und Religion, Vielfaltsakzeptanz, demokratischem Zusammenleben. Mit mediengestützten Methoden und gemeinsamer Medienproduktion nähern sich die teilnehmenden Jugendlichen der mittendrin-Projekttage aktuellen Themen, bei denen Medien eine große Rolle spielen: Der Wert und der Nutzen unserer Demokratie, das Leben in Vielfalt, der Umgang mit Vorurteilen und Diskriminierung, aktuelle extremistische Tendenzen und Jugendliche auf radikalen Wegen. Ziele sind die Förderung von (Medien-)Kritikfähigkeit, Demokratieverständnis, Vielfaltsakzeptanz, Selbstwirksamkeit und die Stärkung sozialer, kommunikativer und gestalterischer Kompetenzen, von Informations- und Teilhabekompetenz. Zielgruppen sind ursprünglich Schülerinnen und Schüler ab der 8. Klasse, inzwischen wird das Angebot auf jüngere Zielgruppen erweitert und ein Fortbildungskonzept für Lehrkräfte und Fachkräfte der Jugendarbeit wird hinzugefügt. Von September 2016 bis März 2017 erprobte medien+bildung.com das Konzept mit Schulklassen verschiedener Schulformen in Ludwigshafen; seitdem finden die „mittendrin“-Projekttage und -Fortbildungen an unterschiedlichen Orten in Rheinland-Pfalz statt.

Ohrenspitzer – Zuhörförderung und Medienbildung

Hören kann doch jeder – oder etwa nicht?

Ja – und nein, denn beim gekonnten Zuhören geht es nicht allein um die physiologische Fähigkeit des „Hören-könnens", sondern um den Einbezug der psychologischen Form des aufmerksamen Zuhörens. Dieses Hören als Interaktion ist ein konstruktiver, sinnstiftender Prozess, somit ein Zusammenspiel des eigenen Verhaltens mit der Umwelt. Das geht nur mit Aufmerksamkeit und Konzentration – Fähigkeiten, die notwendig sind, um Inhalte zu erfassen. Seit dem Start im Jahr 2003 hat sich Ohrenspitzer, für das die Stiftung MedienKompetenz Forum Südwest

Das pädagogische Angebot von Ohrenspitzer

Die Webseite liefert eine Fülle von erprobten Methoden, Materialien und Anleitungen:

- den *monatlichen Hörtipp*: Anleitungsvideo, anschauliche Methodenbeschreibung sowie Arbeitsmaterialien zum Ausdrucken, auf der Grundlage einer aktuellen Hörbuch- oder Hörspielproduktion;
- *„Töne für Kinder"*: Datenbank, in der gute Hörangebote für Kinder beschrieben und ggf. empfohlen werden;
- *Anleitungen zum Selbstgestalten*: Storyboard für eigene Hörgeschichten, Gedächtnisspiele, Erklärungen zu Audio-Aufnahmegeräten und Schnittsoftware etc.;
- *Videotutorials*, z. B. zum Experimenten mit dem Phänomen Schall, zum Arbeiten mit Audacity u. a. m.;
- Jede Menge *Hörbögen*: Aktuelles, didaktisches Material zum Arbeiten mit Hörbüchern und Hörspielen;
- *Methodenkarten:* Unterteilt in die fünf Themenbereiche „Den Hörsinn schärfen", „Lärm und Gesundheit", „Schall und Klang", „Worte und Geschichten" sowie „Hören selbst gestalten" werden eine Fülle von Methoden anschaulich beschrieben; notwendige Materialien sind ebenso aufgelistet wie die Fähigkeiten, die sich damit trainieren lassen, Zeitangaben erleichtern die Planung und kleine Symbole geben an, ob sich eine Methode für die Einzel- oder die Gruppenarbeit eignet;
- *Publikationen:* Hintergrundwissen, Methodenkarten, Spielideen;
- *Newsletter* mit aktuellen Informationen zu Fortbildungen, Inhalten, etc.

Alle Angebote finden Sie unter www.ohrenspitzer.de. Viel Spaß beim Stöbern!

Ohrenspitzer ist ein Projekt der Stiftung MKFS, die getragen wird von

die Markenrechte besitzt, von einem Projekt zu einem umfassenden Programm entwickelt und bietet eine Fülle von Methoden und Anregungen, diese grundlegenden Fertigkeiten ins Bewusstsein zu rücken und zu üben.

Die Bedeutung aufmerksamen Zuhörens

Regelmäßige, pädagogisch ausgewählte Hörangebote haben das Ziel, die bewusste Förderung des Hörens und Zuhörens als kultureller Grundfertigkeit neben Lesen, Schreiben und Rechnen erfahrbar zu machen. Mit dieser Förderung des Hörens und Zuhörens geht die elementare Unterstützung der Lesefähigkeit, der Sprechfähigkeit, der allgemeinen Sprachkompetenz und der Konzentrationsfähigkeit unmittelbar einher. Darüber hinaus ermöglicht das bewusste Hören Kindern neue affektive, kreative und soziale Erfahrungen, die zur Stärkung und Entwicklung ihrer Persönlichkeit wesentlich sind.

Ohrenspitzer bietet auf der Ebene des Unterrichts, in der Gestaltung von Schule und als Baustein innerhalb der Lehrerfortbildung eine Vielzahl von Möglichkeiten, Schule als Lebensraum positiv zu gestalten und insbesondere auch Medienbildung in den Unterricht und in die Aus- und Fortbildung der Lehrkräfte zu integrieren. Das Projekt sieht sich den *folgenden Zielen* verpflichtet:

- Verbesserung der Konzentrationsfähigkeit
- Sensibilisierung der akustischen Wahrnehmung
- Schulung der auditiven und auditorischen Wahrnehmung
- Vermittlung von Basiswissen rund ums Hören auf spielerische Art und Weise
- Erklärung von naturwissenschaftlichen Phänomenen
- Einladung zum Experimentieren (naturwissenschaftliche Versuche, Sprachspiele u. a. m.)
- Schärfung der phonologischen Bewusstheit
- Unterstützung beim Spracherwerb

Landesmedienanstalt Saarland (LMS)
Anstalt des öffentlichen Rechts

Medienzentrum
Nell-Breuning-Allee 6 | 66115 Saarbrücken
Postfach 110164 | 66070 Saarbrücken
Tel.: 0681/38988-0 | Fax: 0681/38988-20
info@LMSaar.de | www.LMSaar.de
Facebook: @landesmedienanstalt | Twitter: @LMS_direkt

Öffentliche Kommunikation in Social Media: Impressumspflicht im Interesse der Meinungsfreiheit

Aktuelle politische Ereignisse, Diskussionslagen oder sogar Krisen und Katastrophen finden ihre öffentliche Wahrnehmung zunehmend über soziale Medien. Gleichzeitig werden auf der Grundlage dieser Wahrnehmungen entstehende Meinungsbilder selbst zum Gegenstand der Berichterstattung – auch in den klassischen Medien. Die Resonanz in diesem öffentlichen Raum wird selbst zur Nachricht, kaum eine aktuelle Meldung verzichtet noch auf Youtube, Facebook, Twitter oder Instagram als eine ihrer Quellen. Dies führt zu einer Beschleunigung in der Meinungsbildung, möglichen Verzerrungen und lädt dazu ein, diese Dynamik auch zu nutzen für Kampagnen und Desinformation.

Es ist mittlerweile unbestritten, dass bei Influencern mit nennenswerten Zugriffszahlen bzw. Followern eine Trennung von redaktionellen Inhalten und Werbung durch entsprechende Kennzeichnung erfolgen muss: zum Schutz der Rezipienten einerseits, aber auch im Interesse der Glaubwürdigkeit der Inhalte. Die Medienanstalten haben deshalb mit Erfolg für diesen Bereich einen *„FAQ-Flyer mit Tipps zur richtigen Kennzeichnung von Werbung in YouTube-Videos und Social Media“* etabliert.

Für den Bereich der öffentlichen Kommunikation meinungsbildender Inhalte über Social Media fehlte ein solcher Leitfaden. Private Nutzer, Administratoren von Gruppen und Foren oder Betreiber von Kanälen orientierten sich allenfalls freiwillig an etablierten

Standards wie z. B. dem Pressekodex. Zudem wird aus dem gesellschaftlichen Raum immer wieder Besorgnis geäußert über das Unwesen von Trollen und verdeckten Akteuren in der öffentlichen Kommunikation, die die Wahrnehmung der öffentlichen Meinung verzerren. Ein erster Schritt, solchen Manipulationen zu begegnen, ist die Einhaltung der Anbieterkennzeichnung bzw. Impressumspflicht.

Bereits im Februar 2018 wies die Landesmedienanstalt Saarland (LMS) auf die bestehenden gesetzlichen Impressumspflichten hin. Um Privatnutzer wie professionelle Anbieter dabei zu unterstützen, ihre Angebote korrekt zu kennzeichnen, hat die LMS einen *„Leitfaden zur Impressumspflicht in sozialen Medien und auf Webseiten"* veröffentlicht. Dieser wurde im September 2018 um Informationen zur Plattform Twitch.tv ergänzt.

„Wer meinungsbildende Inhalte im Netz anbietet, muss sich als Anbieter zu erkennen geben. Die Anbieterkennzeichnung bzw. Impressumspflicht stärkt die Transparenz im Internet und ist Ausdruck der freiheitlich demokratischen Grundordnung", stellt der Direktor der LMS, Uwe Conradt fest. Für alle gewerblichen und redaktionell gestalteten Telemedien gilt die Impressumspflicht und stellt bei Verstoß eine Ordnungswidrigkeit dar. Die Impressumspflicht ist kein Selbstzweck, denn durch sie kann die Einhaltung der übrigen gesetzlichen Anforderungen durchgesetzt werden; sie erleichtert zudem die Durchsetzung von Ansprüchen auch von Privatpersonen gegenüber Anbietern. Zudem empfiehlt die LMS seit Neuestem auch Gruppen z. B. bei Facebook ein eigenes Impressum anzulegen, da die Gruppenseite ein eigenes Medienangebot darstellt.

Der von der Landesmedienanstalt Saarland entworfene Impressumsleitfaden gibt Anbietern von Webseiten, Fanpages, redaktionell gestalteten Profilen in Sozialen Medien und Webchannels eine praktische Anleitung zur Hand, um die Fragen zu beantworten „Wer muss ein Impressum angeben?", „Was muss im Impressum angegeben werden?" und „Wo ist das Impressum zu platzieren?".

Die Landesmedienanstalt Saarland kontrolliert stichprobenartig und anlassbezogen, ob saarländische Anbieter ihrer Kennzeichnungspflicht nachkommen. Die LMS erhofft sich von dieser Kombination aus Information, Beratung und Kontrolle einen zivilisierenden Einfluss auf die öffentliche Kommunikation über Soziale Medien. Dies liegt auch im Interesse der Akteure selbst. „Langfristig wäre zu wünschen, dass sich die Umsetzung unseres Leitfadens zu einer Art Gütesiegel für Glaubwürdigkeit entwickeln könnte", so Conradt.

Der Leitfaden zur Impressumspflicht ist abzurufen unter www.lmsaar.de/regulierung/aufsicht/impressumskontrolle/.

Herz statt Hass

Ein Fabelwesen schützt vor Angriffen und setzt positive Botschaften

Das Projekt „#DoppelEinhorn" wirbt in den sozialen Medien und im öffentlichen Raum für Meinungsfreiheit, Meinungsvielfalt und Demokratie und setzt gleichzeitig ein Zeichen gegen Hass, Hetze und Intoleranz. Träger des Projekts ist der Verein MedienNetzwerk SaarLorLux e.V. Es wird vom Ministerium für Soziales, Gesundheit, Frauen und Familie über das Bundesprogramm „Demokratie leben!" gefördert. Angesiedelt sind das Fabelwesen, seine Betreuerin Karolina Kowol und seine Freunde in der Landesmedienanstalt Saarland. Die Kampagne startete offiziell am 23. Mai 2017.

Mittels unterschiedlicher Aktionen sensibilisiert die Kampagne junge Menschen sowohl in der virtuellen als auch in der realen Welt für Themen wie Hate Speech, Meinungsfreiheit, Menschen- und Grundrechte und will ihnen vor allen Dingen Konterstrategien aufzeigen, wie sie sich im Netz wehren und ein Zeichen gegen Hass setzen können. Zu den Aktionen gehört etwa die #DoppelEinhornPause. Während dieser Veranstaltungen nimmt jede Klasse an einem Workshop teil, welcher jeweils von sogenannten Influencerinnen und Influencern, sprich bekannten YouTubern, Sportlern, Künstlern und Instagramern aus der Region, betreut wird. Ziel ist es, die Bedeutung demokratischer Werte zu betonen und für Meinungsfreiheit, Respekt und Toleranz zu plädieren. Gleichzeitig werden den Schülerinnen und Schülern Freiheits- und Schutzrechte unseres Grundgesetzes aufgezeigt und es wird diskutiert, wann die Grenze der Meinungsfreiheit überschritten wird. Durch Unterrichtsmaterialien, die sich an den saarländischen Lehrplänen orientieren, werden die Workshops pädagogisch begleitet.

Des Weiteren werden Botschaften gegen Hass und für Demokratie über Postkartenaktionen verbreitet. Diese sind auch online verfügbar und können unter Hasskommentare auf Social-Media-Plattformen gepostet werden. Mit Botschaften wie „Herz statt Hass!" oder „Erst denken, dann tippen!" kann ein Zeichen gegen Hass und Hetze und für Demokratie gesetzt werden.

Um einen respektvollen und friedlichen Meinungsaustausch im Netz zu gewährleisten, wurden außerdem im Verlauf des Projekts #DoppelEinhornTipps erstellt. Sie beinhalten Regeln für eine höfliche Debattenkultur.

www.doppeleinhorn.org

Schule gegen Cybermobbing – Bausteine für Prävention und Intervention

Ein interinstitutionelles Medienkompetenz-Projekt

Die Landesmedienanstalt Saarland (LMS) hat sich bereits 2008 gemeinsam mit einer Reihe von Institutionen, die sich mit dem Thema Medienkompetenz befassen, zur landesweiten *Arbeitsgemeinschaft Medienkompetenz* zusammengeschlossen. Die LMS wirkt als Gründungsmitglied maßgebend auf die Realisierung des vereinbarten Ziels hin, sich landesweit über neueste Entwicklungen im Medienbereich auszutauschen und Eltern, Schüler sowie Lehrkräfte über Risiken, aber auch Chancen und Möglichkeiten aufzuklären, die digitale Medien heute für Heranwachsende bieten.

Um weiterführenden Schulen, die sich der Thematik Cybermobbing annehmen wollen, fundierte Unterstützung anzubieten, hat eine Unterarbeitsgruppe der AG Medienkompetenz, die AG Cybermobbing, 2017 ein Zertifizierungsangebot entwickelt: *Schule gegen Cybermobbing: Bausteine für Prävention und Intervention*.

Das Fort- und Weiterbildungsangebot befasst sich detailliert mit der Thematik *Cybermobbing* (Prävention und Intervention). Es setzt sich aus Angeboten der an der AG beteiligten Institutionen zusammen und unterstützt die weiterführenden Schulen im Saarland bei entsprechenden Maßnahmen.

Das Projekt sieht verschiedene Bausteine vor. Nach der obligatorischen Teilnahme an der *Qualifizierungsreihe Schuleigene Mobbinginterventionsteams an Saarländischen Schulen* und der Durchführung eines *Pädagogischen Tages* stehen den Schulen optional ein *Medienkompetenzprojekt* der LMS, die *Multiplikatorenausbildung Medienhelden* sowie ein *Elternabend* auf Abruf zur Verfügung.

Das Angebot kann von allen weiterführenden Schulen im Saarland abgerufen werden und sieht nach Abschluss ein Zertifikat vor.

Das Projekt ist ein gutes Beispiel dafür, wie interinstitutionelle Zusammenarbeit auf Landesebene im Bereich Medienbildung gelingen kann.

An der *AG Cybermobbing* sind neben der LMS folgende Institutionen beteiligt: Landesinstitut für präventives Handeln, Landesinstitut für Pädagogik und Medien, Landespolizeipräsidium Saarland.

Mehr Informationen zum Projekt und zur AG Medienkompetenz auch unter www.LMSaar.de/ag-medienkompetenz.

Sächsische Landesanstalt
für privaten Rundfunk und
neue Medien (SLM)
Anstalt des öffentlichen Rechts

Ferdinand-Lassalle-Straße 21 | 04109 Leipzig
Tel.: 0341 / 22590 | Fax: 0341 / 2259199
info@slm-online.de | www.slm-online.de

Gemeinsam gegen Hass und Fake im Netz

Medienkompetenz als Werkzeug gegen Hass, Stimmungsmache und Manipulation im Netz – so lautete die Mission der Sächsischen Landesanstalt für privaten Rundfunk und neue Medien (SLM).

Ein Jahr lang förderte die SLM von 2017 bis 2018 mit insgesamt rund 60.000 Euro die Konzeption und Umsetzung von vier unterschiedlichen Medienkompetenzprojekten, die alle ein Ziel hatten: Die Themen Hate Speech und Fake News so zu verbinden, dass Jugendliche ab 14 Jahren einen kritischen und sicheren Umgang mit Falschmeldungen und Hassbotschaften im Netz entwickeln und beidem souverän entgegnen können.

Souverän heißt hinsichtlich Hassbotschaften etwa „Counter Speech" auszuprobieren oder Ironie und andere Strategien bewusst anzuwenden, aber vor allem das eigene Verhalten diesbezüglich zu hinterfragen und gemeinsam Grundregeln für einen positiven Umgang im Netz aufzustellen. Hinsichtlich des Umgangs mit Fake News galt es, diese in Wort und Bild erkennen zu können und Methoden und Tools kennenzulernen, um glaubwürdige Informationen zu recherchieren.

Es schien sinnvoll, beide Themenbereiche in den Projekten miteinander zu verbinden, denn Falschnachrichten im Netz können mitunter Hassbotschaften enthalten und Hate Speech basiert oft auf Gerüchten, die wiederum als Falschmeldungen bewusst im Internet verbreitet werden.

Entstanden sind vier ganz unterschiedliche Herangehensweisen diese Themen mit Jugendlichen, Lehrenden und Eltern zu bearbeiten. Die dabei erprobten Methoden und ausgesuchte Materialien wurden durch die SLM in einer Handreichung für die pädagogische Praxis gebündelt.

Die Handreichung ist unter einer CC-Lizenz ab Ende Januar 2019 abrufbar:
www.slm-online.de

GIF me 5 …

ZUM UMGANG MIT HATE SPEECH, VORURTEILEN & FAKE

Zum Umgang mit Hate Speech, Vorurteilen und Fake

GIF me 5 … greift den Trend der Jugend- und Netzkultur rund um GIFs, Memes und YouTube-Videos auf. Als Aufhänger der handlungsorientierten Medienarbeit dienen die „5-Arten-von"-Videos, die innerhalb der jugendlichen Zielgruppe sehr populär sind. Das Projekt wurde an insgesamt fünf sächsischen Ober- und Förderschulen in den Klassen 8 bis 10 durchgeführt. Projektbegleitende Informationsveranstaltungen für Lehrende und Eltern führten zu einer nachhaltigen Verankerung der Inhalte.

Während der jeweils fünf Projekttage produzierten die Heranwachsenden kleine Medienprodukte mit jeweils fünf Tipps zum Umgang mit Hate Speech, Vorurteilen und Fake News. Ein weiterer Authentizitätsfaktor des Projektes wurde mit der kultur- und musikpädagogischen Arbeit rund um HipHop geschaffen. Dabei setzten sich die Jugendlichen mit menschenfeindlichen und diskriminierenden Aussagen im Rap auseinander und nutzen schließlich Musik und Rap als kreatives und partizipatives Ausdrucksmittel für die Gegenrede zu Hate Speech. Daraus resultierten selbstgedrehte Musikvideos mit eigenen Rapsongs, die als weiteres Medienprodukt in die Reihe von Tipps und Handlungsanweisungen zum Umgang mit Hassbeiträgen und Falschmeldungen einzogen.

Instagram:
www.instagram.com/gif_me_5

Ein Projekt von: KF Education
www.kf-education.com

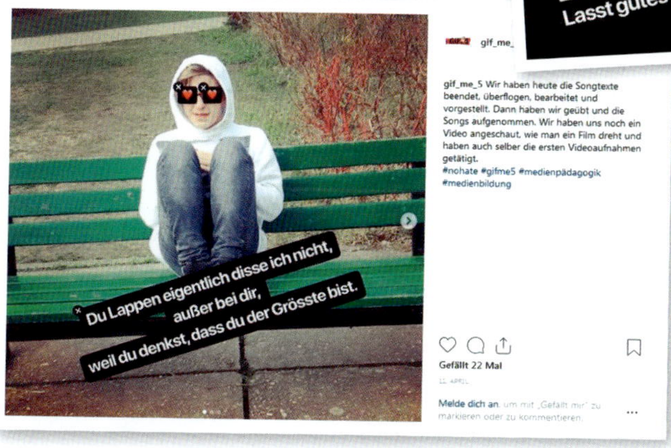

WALL of LOVE

Mit Four-Letter-Words gegen Hass!

Im Zentrum des Projektes stand die kreative Entwicklung der „WALL of LOVE“ als künstlerisches Schaubild für eine wertschätzende Kommunikation im analogen und digitalen Raum. An der Schnittstelle zwischen Kunst- und Medienpädagogik arbeiteten bei der Umsetzung dieses Projektes beide Disziplinen mit zeitgenössischen Künstlern zusammen.

Das Projekt wurde mit neun Mädchen zwischen 14 und 16 Jahren innerhalb von sechs Monaten umgesetzt. Es wurden zudem bewusst Teilnehmerinnen mit schwierigen Bildungsbiografien und Migrationshintergrund ausgewählt, denen der Zugang zu kulturellen Bildungsangeboten oft verwehrt bleibt.

Gemeinsam mit dem Künstlerduo ART N MORE entwickelten die Mädchen mittels Tape Art eigene Four-Letter-Words. Diese eigentlich als Schimpfworte genutzten Redewendungen wurden ins Positive umgekehrt und so entstanden Slogans wie „Du bist so, wie du bist!“ oder „You are so Sweet“ mit der Botschaft, sich selbst zu lieben und auch andere so zu akzeptieren, wie sie sind.

Auf großformatige Pappe gebracht und mit farblicher Hintergrundgestaltung entfalteten diese Werke ihre Wirkung im Rahmen der Ausstellung, die von den Mädchen zum Abschluss des Projektes in der HALLE 14 selbst geplant und umgesetzt wurde.

Ein Actionbound, der die Ausstellungsgäste spielerisch durch die Werke führte, und diese parallel mit Wissensfragen zu Hate Speech und Fake News forderte, schloss das Projekt ab.

Projekthomepage: www.walloflove.wordpress.com
Instagram: www.instagram.com/wall_of_love_leipzig

Ein Projekt von: HALE 14 e. V. www.halle14.org

In Kooperation mit: KF Education und ART N MORE

SPRACHE.MACHT.BILDUNG

Unterrichtskonzepte zu Hass, Manipulation und Stimmungsmache im Internet

Ansatzpunkt des Projektes SPRACHE.MACHT.BILDUNG sind Pädagoginnen und Pädagogen, die die Themen Hate Speech und Fake News in ihren Unterricht integrieren möchten. Auf ihre Anregungen hin wurden im Projektverlauf fünf Themenbereiche herausgearbeitet, die Hass und Manipulation im Internet methodisch und didaktisch für Schüler ab der Klassenstufe 8 aufbereiten. Während der Erarbeitung wurden die Konzepte im Rahmen von Workshops mit den Lehrenden getestet und abschließend jedes Modul auf seine Einsatzfähigkeit im Unterricht mit einer Schulklasse erprobt.

Die Heranwachsenden beschäftigen sich mithilfe der entwickelten Unterrichtskonzepte mit problematischen medialen Themen und widerlegen auf diese Weise Falschmeldungen, arbeiten Vorurteile auf und erkennen Populismus. Dabei steht die Gestaltung einer gleichberechtigten, wertschätzenden und gewaltfreien Kommunikationskultur im Mittelpunkt, um aktiv und respektvoll an der gesellschaftlichen Meinungsbildung teilzunehmen. Gleichermaßen setzten die Methoden auf die Stärkung der Quellen-, Recherche-, Informations- und Nachrichtenkompetenz der Lernenden.

Entstanden sind 45- bis 90-minütige Konzepte, die sich an den Lehrplänen für weiterführende Schulen in Sachsen orientieren und je nach Schulfach, Klassenstufe oder der zur Verfügung stehenden Zeit miteinander kombiniert werden können.

Projekthomepage:
www.sprache-macht-bildung.jimdo.com
Passwort: HateSpeech*2018

Ein Projekt von: mediaLEpraxis e. V.
In Kooperation mit: Leipziger Städtische Bibliotheken

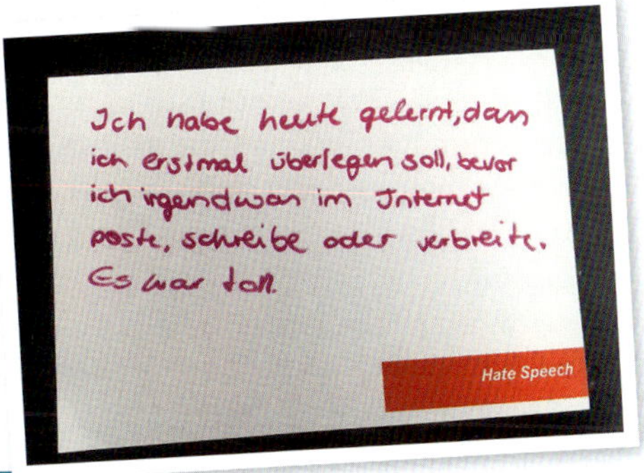

SPRACHE.MACHT.BILDUNG

Medienanstalt Sachsen-Anhalt

Medienanstalt Sachsen-Anhalt
(MSA)
Anstalt des öffentlichen Rechts

Reichardtstraße 9 | 06114 Halle/Saale
Tel.: 0345/5255-0 | Fax: 0345/5255-121
info@medienanstalt-sachsen-anhalt.de |
www.medienanstalt-sachsen-anhalt.de

„Abgecheckt“ – Tagesworkshop der Medienmobile

Ein Workshop für Schülerinnen und Schüler ab Klassenstufe 4 bis zur Berufsschule

Poesiealben sind „out“, die SMS Schnee von gestern. Eine eigene Profilseite bei Instagram ist hingegen „in“, WhatsApp ein Dauerbrenner und Fernsehen erhält in Zeiten von YouTube und Co. eine ganz neue Bedeutung. Das Smartphone ist im Alltag von Jugendlichen heutzutage kaum mehr wegzudenken. Als ständiger Begleiter und Alleskönner wird mit dem Gerät kommuniziert, organisiert, Informationen und Unterhaltungsangebote werden gesucht und ausgetauscht. Soziale Netzwerke wie WhatsApp und YouTube stehen derzeit hoch im Kurs bei den Heranwachsenden. Neben all den positiven Aspekten bergen sie aber auch Schattenseiten, die meist nur wenige Heranwachsende im Blick haben, so beispielsweise der leichtfertige Umgang mit persönlichen Daten, Mobbing, Rechteverletzung oder Kommerzialisierungsaspekte auf YouTube.

In dem interaktiven Workshop werden die Jugendlichen dazu angeregt, sich mit dem eigenen Smartphone auseinander zu setzen. Darüber hinaus lernen sie, wo Potenziale, aber auch Probleme bei der Nutzung sozialer Netzwerke liegen. Die Mädchen und Jungen setzen sich mit ihren YouTube-Stars auseinander und erfahren, was Schleichwerbung auf YouTube bedeutet und erkennen qualitative Unterschiede einzelner Videos. Doch auch rechtliche Fragen werden geklärt, denn die gilt es zu beachten, wenn mit dem Smartphone eigene Inhalte produziert, kommuniziert und verbreitet werden. Am Ende des Projekttages haben die Schülerinnen und Schüler „abgecheckt“, welche Chancen und Risiken es bei den mobilen Nutzungsmöglichkeiten gibt.

4. Netzwerktagung Medienkompetenz 2017

Panel 10: Cybermobbing – Prävention und Intervention als gesellschaftliche Aufgabe

Referenten/-innen:
Prof. Dr. Angelika Beranek, Henrietta Byk, Susanne Koch, Martin Hinz, Ariane Pedt
Moderation: Thomas Richter
Audiomitschnitt:
https://tinyurl.com/y78foeym

Soziale Medien sind fest im Alltag von Kindern und Jugendlichen verankert. Sie nehmen einen hohen Stellenwert in der täglichen Kommunikation und damit im Entwicklungsprozess der eigenen Identität ein. Neben vielen positiven Facetten bringt die digitale Welt aber auch negative Aspekte mit sich. Dazu gehört u. a. Cybermobbing, bei dem Menschen vor allem in sozialen Medien beleidigt, bedroht, bloßstellt oder belästigt werden. Die Folgen spüren meist nicht nur die unmittelbar Betroffenen. Freunde, Eltern, Lehrer/-innen und Sozialarbeiter/-innen werden zunehmend mit dem Problem konfrontiert. Für Außenstehende sind die Prozesse und Folgen von Cybermobbing oft nur schwer nachvollziehbar. Verschiedene Hilfs- und Beratungsstellen versuchen mit diversen Methoden präventiv und intervenierend einzugreifen. Aktuelle Fallzahlen legen nahe, dass sich Cybermobbing mit allen Auswirkungen und Folgen zu einem gesamtgesellschaftlichen Problem entwickelt. Eltern, Schule und außerschulische Akteure müssen gleichermaßen sensibilisiert und mit wirksamen Strategien ausgestattet werden.

Leitfragen:

- Welche Bedingungen braucht eine faire und wertschätzende Kommunikation im Netz?
- Wie kann in Schule und Jugendhilfe für Cybermobbing sensibilisiert werden?
- Welche gelingenden Praxiskonzepte für Intervention und Prävention gibt es?

Panel 7: Hatespeech, Fake-News, Social Bots – „Wir bilden Deine Meinung!"

Referenten/-innen:
Thomas Krüger, Jörg Kratzsch, Sina Laubenstein
Moderation: Vera Linß
Audiomitschnitt:
https://tinyurl.com/yc94yz87

Bewusste Falschmeldungen, ausgesprochener Hass, Lügen und Gerüchte sind kein neues Phänomen. Durch soziale Medien und v. a. unter Einsatz von Social Bots können Informationen, Meinung und Themen gelenkt werden. Für große Teile der Bevölkerung stellen soziale Medien heutzutage eine Hauptbezugsquelle von Nachrichten dar. Die Weitererzählkultur über Facebook, Twitter & Co. verbreiten wichtige Nachrichten so schnell, dass klassische journalistische Angebote kaum Schritt halten können. Ist man auf der Suche nach „der Wahrheit", ist es notwendig, mehrere Quellen aufzusuchen, diese Informationen zu verifizieren, um daraus die eigene Meinung zu bilden. Dieses Panel hinterfragt, welche Strategien es seitens der Medien bedarf, um dem Image „Lügenpresse" entgegenzuwirken – welche staatlichen Regulierungen entwickelt werden müssten, um gegen Hasskriminalität und Fake News vorgehen zu können und was die Medienpädagogik leisten muss, um die Medienkompetenz der Nutzer zu stärken.

Leitfragen:

- Was tun Medien derzeit bzw. was müssen sie tun, um dem Problem der Medienmanipulation zu begegnen und dem Publikum Orientierung zu geben?
- Was bringen mögliche neue Gesetze und selbstauferlegte computerbasierte Inhaltslöschungen der Anbieter?
- Ist es sinnvoll und erforderlich, die Verantwortung der Kontrolle bei einer staatlich finanzierten und damit politisch abhängigen Institution anzugliedern?
- Was müssen Schule und Medienpädagogik leisten, um Menschen aller Altersschichten zu befähigen, sich eine eigene und reflektierte Meinung zu bilden?

4. Fachkonferenz Medienkompetenz „extrem | faszinierend – Islamismus im Internet als Herausforderung für Medienpädagogik und Jugendmedienschutz"

Videodokumentation:
https://tinyurl.com/y8sh899c

Mit Ablegern bekannter Computerspiele, YouTube-Videos und jugendaffinen Auftritten auf Facebook wenden sich Islamisten im Internet gezielt an Jugendliche. Für die Verbreitung ihrer Inhalte nutzen sie v. a. die Dienste des Social Web. Die 4. Fachkonferenz Medienkompetenz widmete sich daher dem Thema Islamismus im Internet, der damit einhergehenden möglichen Radikalisierung von Jugendlichen und notwendigen pädagogischen Gegenstrategien. Die „Netzwerkstelle Medienkompetenz Sachsen-Anhalt" veranstaltete in Kooperation mit der Medienanstalt Sachsen-Anhalt, der „Servicestelle Kinder- und Jugendschutz“ (fjp>media) und mit dem Department für Medien- und Kommunikationswissenschaften der Martin-Luther-Universität Halle-Wittenberg am 30. August 2016 in Halle diese 4. Fachkonferenz. Ziel der Veranstaltung war es, über das Thema Islamismus und die mögliche Radikalisierung von Jugendlichen in und durch das Internet aufzuklären und Lösungsstrategien für die medienpädagogische Praxis und den Jugendmedienschutz im Sinne der Prävention zu erarbeiten. Eingeladen waren Lehrkräfte, Erzieher/-innen, Schulsozialarbeiter/-innen, Mitarbeiter/-innen verschiedener Projekte und Institutionen der Bildungs-, Aufklärungs-, Interventions- und Jugendarbeit und medienpädagogische Fachkräfte, die sich über das Thema „Islamismus im Internet“ umfangreich informieren wollten. Sie erhielten Antworten darauf, wie präsent das Thema im Internet ist, wo Jugendliche islamistischem Gedankengut im Netz begegnen und wie sie problematische Inhalte erkennen können. Die Teilnehmenden bekamen einen Überblick zu den Anlauf- und Beratungsstellen im Land, an die sie sich bei Fragen und Problemen wenden können. Weiterhin erfuhren und diskutierten sie, mit welchen Methoden sie das Thema im Unterricht oder in der pädagogischen Arbeit mit Jugendlichen kreativ und medial aufgreifen können – und wer sie dabei kompetent unterstützen kann. In Impulsvorträgen wurden Erscheinungsformen des Islamismus erörtert, seine Wirkweise auf Jugendliche thematisiert sowie die mediale Aufmachung islamistischer Online-Propaganda analysiert. In Workshops und der sich anschließenden Abschlussdiskussion widmeten sich die Teilnehmenden dann konkreten Handlungsmöglichkeiten für die (medien-)pädagogische Praxis.

Spannende Diskussionsrunden zum Thema „Islamismus im Internet“

TLM. Thüringer Landesmedienanstalt

Thüringer Landesmedienanstalt (TLM)
Anstalt des öffentlichen Rechts

Steigerstraße 10 | 99096 Erfurt
Postfach 900361 | 99106 Erfurt
Tel.: 0361/211770 | Fax: 0361/2117755
mail@tlm.de | www.tlm.de

„MEDIEN-KOFFER gegen RECHTS"

Rechtsextremismus in der medienpädagogischen Auseinandersetzung

„Rechtsextreme Einstellungen der Deutschen treten offen zu Tage" oder *„Überraschend viele sind rechtsextrem"*: Fast täglich können wir solche oder ähnliche Meldungen den Medien entnehmen. Diese Nachrichten schockieren und trotzdem werden die alltäglichen Zeichen von Rechtsextremismus oft nicht ernst genug genommen.

Um Jugendliche für solche Einflüsse zu sensibilisieren, ist es wichtig, präventiv zu agieren und über die Gefahren aufzuklären. Das Erlernen eines verantwortungsvollen und sicheren Umgangs mit Medien ist dabei ein zentraler Bestandteil der Präventionsarbeit. Pädagogen und professionell Erziehende sind dabei nicht nur Ansprechpartner für Jugendliche, sondern auch für Eltern, Lehrkräfte und andere Multiplikatoren der außerschulischen Jugendarbeit.

Der „MEDIEN-KOFFER gegen RECHTS" als Gemeinschaftsprojekt der Thüringer Landesmedienanstalt (TLM) und dem Freistaat Thüringen ist eine umfangreiche, multimediale Materialsammlung, die den Pädagogen in Thüringen kostenfrei zur Verfügung gestellt wurde, um wertvolle methodische Anregungen und Hilfen für die Förderung der Kompetenz im Umgang mit problematischen Medieninhalten zu geben.

Das zentrale Ziel ist, Motivation zu schaffen, nicht die Augen zu verschließen, sondern sich bewusst mit der Thematik in den verschiedenen Bereichen der Medienbildungsarbeit auseinanderzusetzen: Verständnis und selbstständige Beschäftigung mit dem Thema sind wichtige Aspekte, die dabei helfen, rechtsextreme Argumentationen, auch in den Medien, zu durchschauen sowie kritisch zu reflektieren und zu hinterfragen.

Für 2019 ist die Neuauflage in inhaltlich erweiterter Form als „MEDIEN-KOFFER gegen EXTREMISMUS" geplant und verdeutlicht die unterschiedlichen Strategien politisch extremistischer Gruppen im Digitalen.

Wahr oder nicht wahr – das ist hier die Frage!

Medienpädagogischer Workshop zum Umgang mit Fake News im Unterricht

Ob über das Fernsehen, Radio, Smartphone oder Tablet – täglich erhalten wir über die Medien Nachrichten aus aller Welt. Diesen begegnen wir bisher mit einem hohen Vertrauen. Jedoch weicht diesem Vertrauen zunehmend eine Verunsicherung über den Realitätsgehalt der Meldungen. Welche Nachricht entspricht der Wahrheit, welche ist gefakt? Welche ist gezielt lanciert? Mit welchem Interesse?

Vor dem Hintergrund, dass Nachrichten in einem wesentlichen Teil unser Bild über die Welt und das Verständnis der Geschehnisse in ihr prägen, ist es unabdingbar, Mediennutzer in die Lage zu versetzen, Nachrichten bewusst aufzunehmen und nach dem Wahrheitsgehalt zu hinterfragen.

In dem Workshop des Thüringer Medienbildungszentrums der TLM für Lehrerinnen und Lehrer werden praxisorientierte Methoden vermittelt, wie im Unterricht und in Projekten (Fake-)Nachrichten zum Thema gemacht werden können.

Wenn Unsichtbarkeit übermütig macht

Schülerworkshop „Aktiv gegen Cybermobbing“

Der Workshop sensibilisiert Schülerinnen und Schüler ab der 6. Klassenstufe für das Thema Cybermobbing. Ihnen werden die unterschiedlichen Aspekte und Nuancen des „Fertigmachens“ via Internet vor Augen geführt, um so das Empathieverhalten zu fördern. Dazu setzen sich die Jugendlichen sowohl mit der Opfer-, als auch mit der Täterperspektive auseinander und erfahren, wie fließend die Übergänge von einem normalen Streit zum (Cyber-)Mobbing sein können. Zudem lernen sie praktische Maßnahmen kennen, sich präventiv vor Attacken aus dem Netz zu schützen und erarbeiten gemeinsam Strategien zum Umgang mit Cybermobbingfällen in ihrem Umfeld. Die gestalterische, medienpraktische Arbeit am Ende des Workshops vertieft die erarbeiteten Inhalte und fördert die persönliche Auseinandersetzung der Jugendlichen mit dem Thema.

Interview

Frau Heß, Sie sind Medienpädagogin im Thüringer Medienbildungszentrum der TLM. Was hat sich durch Smartphones geändert?
Alltägliche Konflikte und Streitereien werden heute ganz selbstverständlich mit dem Smartphone ausgetragen. Die Tragweite ihres Verhaltens ist den meisten jungen Nutzern dabei nicht bewusst. Aufklärung und Prävention sind deshalb wichtige Instrumente, um Cybermobbing frühzeitig entgegenzuwirken.

Wie gestaltet sich der Start Ihres Projektes methodisch?
Wichtig ist vor allem, dass sich alle Beteiligten auf Augenhöhe begegnen, damit eine offene und ehrliche Diskussion stattfindet: Wer entscheidet, was schlimm ist? Die Schülerinnen und Schüler sollen untereinander ausverhandeln, welches Verhalten im Netz sie ablehnen und wo sie ihre persönlichen Grenzen ziehen.

Wann war für Sie das Projekt erfolgreich?
Wenn die Klasse die gemeinsam erarbeiteten Regeln für ein faires Miteinander im Netz auch einhält und sich dabei immer die Frage stellt: Was tue ich, wenn ich im Falle eines Falles nicht helfe?

Tatort Internet

Schülerworkshop „Setz ein Zeichen gegen Cybermobbing!"

Das Internet ist ein Medium des täglichen Gebrauchs. Aber wie gehen wir damit um? Es ist wichtig, die Auswirkungen unserer Handlungen im Netz zu verstehen.

Der Workshop soll die Schülerinnen und Schüler für die Auswirkungen des eigenen Nutzungsverhaltens sensibilisieren. Dabei steht im Vordergrund, mit den Jugendlichen ins Gespräch zu kommen und ihnen in ihrer Lebenswelt zu begegnen. Durch pädagogische Methoden werden sie an das Thema Cybermobbing herangeführt. Es werden neben unterschiedlichen Szenarien auch Dynamiken aufgezeigt, die die Wirkung eines Cybermobbingprozesses beschleunigen und damit besonders wirkungsvoll machen. Wichtig ist, den Schülerinnen und Schülern Möglichkeiten aufzuzeigen, sich vor Mobbingattacken zu schützen und sie zu informieren, wo es Hilfe im Fall von Cybermobbing gibt

Dieser Workshop ist ein Kooperationsangebot der Thüringer Landesmedienanstalt (TLM) und der Thüringer Bereitschaftspolizei. Ein Medienpädagoge des Thüringer Medienbildungszentrums der TLM und ein Präventionsbeamter der Polizei Thüringen führen dieses Projekt gemeinsam durch.

Interview

Frau Bätzig, das Projekt wird in Kooperation zwischen der TLM und der Thüringer Bereitschaftspolizei durchgeführt. Worin besteht für Sie der Reiz dieser Zusammenarbeit?
Die Zusammenarbeit mit Herrn Dolge ist für mich immer wieder inspirierend, da wir das Thema „Cybermobbing Prävention" von unterschiedlichen Standpunkten her umsetzen. Man kann sagen: „Pädagogische Methoden treffen die Klarheit des Gesetzes". Doch unsere Ziele sind die gleichen: (1) Handeln bevor etwas passiert, (2) Anzeichen erkennen und reagieren sowie (3) Empathie fördern.

Wie werden sie als „Duo" von den Schülern wahrgenommen?
Die Teilnehmer sind im ersten Moment sehr überrascht, wenn der Polizeihauptkommissar in Uniform und ich als Medienpädagogin sie gemeinsam begrüßen. Doch spätestens nach der Vorstellungsrunde und der ersten Methode ist jede Scheu verflogen. Es geht uns nicht darum mit dem erhoben Zeigefinger zu maßregeln, wir diskutieren auf Augenhöge. Allerdings sagen wir deutlich, dass Cybermobbing kein Kavaliersdelikt ist und für alle Beteiligten weitreichende Folgen hat.